Lisa Frohn

#Ran-ans-Alter!

Werkstatt für Alterskultur

Meinen Schwestern

Das Buch

Alter hat viele Facetten, wie zum Beispiel die Freiheit, die wir plötzlich haben, wenn wir aus dem Erwerbsleben ausscheiden. Veränderungen, die Älterwerden mit sich bringt, fordern uns heraus. Wie sollen wir mit ihnen umgehen? Und wie deuten wir sie? Jetzt, wo wir selbst alt werden, merken wir, dass wir eigentlich gar nicht wissen, wie Altwerden geht. Wir suchen Orientierungshilfen, finden aber alte Altersbilder, die nicht zu uns passen. Deshalb bleibt uns nichts anderes übrig, als Alter neu zu denken. Dazu lädt dieses Buch ein. Es ist im Twitter-Format geschrieben und besteht aus Textabschnitten mit maximal 140 Zeichen.

Die Autorin

Alles, was ich seit neun Jahren in meinem eigenen Alternsprozess und allgemein im Thema Alter beobachte, lese, denke, fühle, schreibe und in Workshops gemeinsam mit anderen erkunde, hat die Werkstatt für Alterskultur entstehen lassen. #Ran-ans-Alter! ist das erste Buch, das unter dem Label Werkstatt für Alterskultur erscheint.
www.werkstatt_fuer-alterskultur.com

Inhaltsverzeichnis

Vom Generationen-Wir 9

Der Schritt vom Erwerbsleben ins Privatleben 21

Was ist mit unserer Freiheit? 33

Kostenfaktor und Machtfaktor 46

Die Parkbank 61

Öffentliche Räume. Selbstverwaltet 65

Altersemanzipation 83

Eigentlich könnten wir aufhören, Erwachsene zu
sein.. 87

Gemütlichkeit 94

Fernsehen 100

Altenbusiness 108

Von unserer Unsicherheit 113

Vom Nichtwissen... 122

Vom Tod.. 126

Veränderung und Entwicklung 132

Was ist eigentlich mit Liebe? 142

Vom Fühlen und Mitfühlen 149

Erfolg 167

Wozu das alles? 172

Vom Generationen-Wir

Wir heutigen Alten werden als *neue Alte* bezeichnet. Als aktiv und fit. Manche sagen auch, wir wären junge Alte.

Jedenfalls sind wir anders alt als die Alten vor uns.

Wenn ich von *Uns* und von *Wir* spreche, dann meine ich *Uns* als Generation. Ich meine das Generationen-*Wir*.

Wer aber fühlt sich von diesem *Wir* angesprochen? Und wie alt muss man sein, um dazuzugehören?

Und überhaupt: Wann fängt Alter eigentlich an?

Der Reihe nach. Nehmen wir erstmal das Wörtchen *alt*. Das ist unter Alten umstritten. An *alt* scheiden sich die Geister.

Viele benutzen lieber das Wort *älter*. Andere wollen weder mit *alt* noch mit *älter* etwas zu tun haben. Obwohl:

Älter ginge noch. Aber *alt*? In gar keinem Fall!

Egal, welches Wort wir benutzen, das Kriterium für Zugehörigkeit zum Generationen-Wir ist das Geburtsjahr.

Ich gehöre zu den jetzigen Alten. Ich bin 1946 geboren. Sabine ist 1944 geboren, Ulla 1947 und Anne 1949.

Wir waren Ende der 1960er-Jahre jung.

Viele aus unserer Generation sind damals auf die Barrikaden gegangen. Aber viele auch nicht.

Sie haben weder aufbegehrt noch Steine geworfen noch Traditionen in Frage gestellt.

Wir waren zwar gleich alt und lebten im selben Land, aber wir lebten in verschiedenen Welten.

Unsere Weltanschauungen ließen uns die Welt unterschiedlich wahrnehmen.

Die einen von uns meinten, die Welt müsse unbedingt verändert und verbessert werden.

Die anderen fanden sie entweder gut, so wie sie war, oder es war ihnen egal, wie die Welt ist. Hauptsache, ihnen geht es gut.

Und dann die anderen hinter der Mauer. Drüben. Wie ging es denen, als sie jung waren?

Und heute? Wie beziehen wir uns heute, als alte Menschen, auf die Welt? Finden wir sie gut? Oder wollen wir sie verändern und verbessern?

Oder ist uns egal, wie die Welt ist? Hauptsache, uns geht es gut?

Denken wir, wir können sowieso nichts ändern? Also versuchen wir es erst gar nicht?

Und was heißt es eigentlich für unser persönliches Lebensgefühl im Alter, damals Spießer, Revoluzzer oder Genosse gewesen zu sein?

Was ist mit den Hippies von damals? Wie fühlen sie sich als alte Menschen? Und:

Wie fühlt sich eine frauenbewegte Frau, wenn sie alt ist?

Wie fühlen sich eine Genossin und ein Genosse als alte Menschen mit sozialistischer Vergangenheit?

Und wie gehen wir Alten mit all diesen Verschiedenheiten um?

Spielen unsere Weltanschauungen von damals heute überhaupt noch eine Rolle?

Tragen sie immer noch dazu bei, dass wir in verschiedenen Welten leben?

Viele von uns, also von uns allen Alten, haben längst die alten Ideologien über Bord geworfen. Und manche haben sich anderen zugewandt.

Wir haben gelernt, dass Ideologien nicht ewig halten, jedenfalls die meisten nicht.

Ideologien hin oder her, Tatsache ist, wir sitzen heute alle im selben Boot.

Wir sind die Generation, die jetzt alt wird und aus dem Erwerbsleben ausscheidet.

Und viele von uns suchen Orientierung. Weil wir nicht wissen, wie Leben im Alter geht.

Auch ich befinde mich in der Orientierungsphase.

Wie meine Freundinnen Sabine, Ulla und Anne und viele andere ebenfalls. Also: Was ist?

Wollen wir gemeinsam versuchen herauszufinden, wie Leben im Alter gehen könnte?

Wir tun uns schwer mit dem *Wir*. Wir haben unsere Individualisierung so weit getrieben wie keine Generation vor uns.

Bei uns war Selbstverwirklichung angesagt.

Und einige von uns haben es echt weit gebracht mit Selbstverwirklichen. Andere weniger weit.

Autonom und unabhängig zu sein, hat für uns einen hohen Stellenwert.

Ein Gemeinschafts-Wir auf gesellschaftlicher Ebene war uns immer suspekt.

Schließlich waren unsere Eltern und Großeltern Teil eines extrem hohen Wir-Faktors, der extreme Verbrechen möglich gemacht hat.

Danach wollten wir uns und auch der Welt beweisen, dass wir bereit sind, die Wurzeln von all dem auszureißen.

Also haben wir auf jegliche Art gesellschaftlicher Wir-Komplexe allergisch reagiert. Zumindest wir im Westen.

Die im Osten haben den Wir-Komplex beibehalten und ihn mit neuen Inhalten gefüllt. Und jetzt?

Wie stehen wir jetzt da? Warum sollten wir überhaupt an einem Generationen-Wir interessiert sein?

Jetzt, wo wir so alt geworden sind mit Individualisieren. Warum bleiben wir nicht mit unserem Wir-Gefühl im Privaten?

Im Familienkreis. Im Freundeskreis. Warum sollen wir ein Wir-Gefühl für Gleichaltrige entwickeln? Und wozu?

Wir müssten uns dann ja auf Gemeinsamkeiten einlassen. Wollen wir das?

Wir haben immer darauf geachtet, uns von anderen abzusetzen, uns zu unterscheiden und besonders zu sein. Einmalig.

Und jetzt soll die Tatsache, dass wir gleich alt sind, eine Bedeutung haben? Wieso eigentlich?

Warum sollten wir uns im Alter noch mal umorientieren und uns vom Ich zum Wir bewegen?

Dieser Text ist ein Plädoyer für unser Generationen-Wir. Denn:

Wenn wir ausschließlich individualisierte und privatisierende Alte bleiben, verzichten wir auf viel zu viele Möglichkeiten.

Wenn wir uns die gesellschaftliche Landschaft ansehen, die Aufgaben, die zu lösen sind, die demografischen Veränderungen, …

… wenn wir die Welt betrachten, wie sie heute ist und wenn wir uns als gesellschaftliche Wesen ernst nehmen, …

… wenn wir nicht nur zuschauen, sondern uns beteiligen wollen, wenn wir teilhaben wollen an öffentlichen Angelegenheiten, …

… dann brauchen wir die Bereitschaft zum Wir! Aber:

Der Weg zum gesellschaftlichen Wir ist für unsere durchindividualisierte Generation schwierig.

Wir haben unsere Zugehörigkeiten immer genau überprüft. Wir wollten in gar keinem Fall Masse sein.

Jetzt gehören wir zur Masse der Alten, ob wir wollen oder nicht. Und in dieser Zuschreibung müssen wir uns zurechtfinden.

Natürlich kann jeder und jede von uns so tun, als ob sie oder er nicht dazugehören würde.

Als ob sie oder er besonders sei, anders als die anderen Alten. Und das stimmt. Wir sind alle verschieden. Anders eben.

Die Frage ist, wie wir Anderssein bewerten. Verschiedenheiten können trennen. Müssen es aber nicht.

Verschiedenheiten können auch bereichern. Erst Verschiedenheiten ermöglichen Vielfalt. Und Vielfalt beinhaltet Möglichkeiten.

Und Möglichkeiten wiederum bereichern unsere Lebensbedingungen und erlauben uns, zu wählen und Entscheidungen zu treffen.

Jedenfalls sind wir alle im selben Alter. Ein paar Jahre weniger, ein paar Jahre mehr. Dieselbe Generation.

Und was ist, wenn wir uns jetzt im Alter bei aller Individualisierung Gemeinschaft wünschen?

Weil wir sonst zu viel allein sind?

Bedeutet *Gemeinschaft* wirklich, nicht mehr verschieden sein können und dass wir aufhören müssen, individuell zu sein?

Wir Individualisten fürchten nichts so sehr, wie den Verlust unserer Einzigartigkeit.

Auf den Ausdruck *Wir Alten* reagiert unser individualisiertes Ich mit Abwehr und Zurückweisung.

Und diese Reaktion müssen wir ernst nehmen. Unbedingt.

Denn unsere Generation kann ein *Wir* und das dazugehörende Wir-Gefühl nur dann hinkriegen, wenn wir unsere Abwehrreaktion respektieren.

Ohne Ich-Gefühl wird es für uns kein Wir-Gefühl geben. Und das ist gut so.

Aber wozu sollten wir uns als Generation zusammentun wollen und ein *Wir* entwickeln? Welchen Sinn könnte das haben?

Darum geht es in diesem Text. Um Möglichkeiten, Aspekte und Angelegenheiten im Alter, die wir nur als *Wir* hinkriegen.

Wer von uns gesellschaftlich mitmischen will, wird bald merken, dass er oder sie alleine nicht sehr weit kommt.

Denn da ist keine Institution mehr, zu der wir gehören. Wir haben keine Firma mehr im Rücken, keine Funktion mehr, die uns legitimiert.

Für gesellschaftliches Wirken müssen wir uns selbst legitimieren. Das aber ist allein schwierig. Selbstlegitimation geht gemeinsam besser.

Und irgendwo und irgendwann sollten wir damit anfangen.

Wie wäre es, wenn wir es nicht hinausschieben, sondern heute noch damit beginnen? Im Kleinen, jeder und jede bei sich.

Wie wäre es, wenn wir Alten uns gegenseitig solidarisch in den Blick nehmen?

Mit einem verstehenden Lächeln im Bus, zum Beispiel. Mit einem warmen Blick an der Kasse im Supermarkt.

Mit einer winzigen Geste an der Ampel. Mit ein paar liebevollen Worten im Wartezimmer. Aber:

Es passiert nicht einfach so. Solidarität schütteln wir nicht aus dem Ärmel. Es braucht eine Entscheidung. Wir müssen es wollen.

Dazu brauchen wir eine solidarische Geisteshaltung. Und die entwickelt sich nicht automatisch.

Wohlwollen kommt nicht von allein. Und Respekt auch nicht. Alles muss aktiviert werden.

Wie aber aktiviert man Wohlwollen? Und Respekt? Und wie entsteht eine solidarische Geisteshaltung?

Ich glaube, das geht nur über Reflexion, Einsicht und eine klare Willensentscheidung. Ich glaube auch, es muss sich entwickeln.

Und Entwicklung muss man wollen. Sonst passiert gar nichts.

Aber warum sollten wir uns entwickeln wollen, wo wir doch schon so alt sind? Ist Entwicklung im Alter überhaupt noch möglich?

Ja. Das sagen jedenfalls die Profis, die sich mit Entwicklungsmöglichkeiten des Menschen bis ins hohe Alter befassen.

Vor allem die, die sich mit dem Gehirn beschäftigen. Sie erklären uns immer genauer, wie unser Gehirn funktioniert.

Wie es sich anpasst, wie es lernt, wie es kompensiert, wie es neue Verbindungen knüpft und nie damit aufhört.

Auch im Alter nicht. Allerdings brauchen wir Bedingungen, die uns herausfordern und Themen, die uns begeistern.

Wir brauchen Angelegenheiten, auf die wir richtig Lust haben. Denn Begeisterung und Lust sind die emotionale Basis, …

… auf der unsere Gehirnzellen neue Verknüpfungen bilden. So sagt der Neurobiologe Gerald Hüther.

Die Frage ist jetzt: Wo und wie finden wir die Themen und Angelegenheiten, an denen wir Freude haben?

Und wenn wir sie gefunden haben, was dann?

Der Schritt vom Erwerbsleben ins Privatleben

Was passiert eigentlich, wenn das Erwerbsleben aufhört und nur noch Privatleben übrig bleibt?

Was passiert, wenn wir in Rente gehen?

Plötzlich steht uns Alten das gesamte gesellschaftliche Gefüge unserer Arbeits- und Berufswelt nicht mehr zur Verfügung.

Die Firma. Die Institution. Die Verwaltung. Der Betrieb. Überall, wo wir gearbeitet haben, waren wir Teil eines größeren Ganzen.

Wir waren immer ein Rädchen im Getriebe. Okay, manche waren ein großes Rad und andere ein eher kleines.

Auch wenn wir allein in einem Büro saßen, so waren wir durch unsere Tätigkeit doch immer in Verbindung mit anderen.

Wir gehörten dazu. Und unser Zugehörigkeitsgefühl gehörte zu uns.

Beruflich lebten wir Verbindungen, die nicht durch persönlich private Kriterien, sondern durch unsere Funktion definiert waren.

Und damit ist Schluss, sobald wir in Rente gehen. Viele von uns erleben dies als Befreiung.

Endlich nur noch mit Menschen zu tun haben, die uns sympathisch sind und die wir mögen, die wir uns nach eigenen Kriterien aussuchen!

Endlich keine Funktion mehr erfüllen, freundlich sein müssen zu einem Kollegen oder einer Kundin, die wir nicht ausstehen können!

Viele von uns erleben die Befreiung von Funktionen, die wir zum Geldverdienen eingenommen haben, als Erlösung, …

… als gerechten Lohn für die langen Jahre voller Disziplin, Anpassung, Pflichterfüllung, Leistung und Verantwortung.

Aber was passiert mit unserem Zugehörigkeitsgefühl?

Gehört es noch zu uns oder lassen wir es zurück, wenn wir aus dem Beruf ausscheiden?

Geben wir unser gesellschaftliches Zugehörigkeitsgefühl einfach auf?

Reduzieren wir unsere Verbindungen mit anderen für den Rest unseres Lebens ausschließlich aufs Private?

Nur weil wir aus den beruflichen Funktionen raus sind? Nur weil monatlich Geld auf unser Konto kommt?

Was passiert eigentlich mit dem Wir-Gefühl, das uns während der Berufsjahre an die Firma gebunden hat?

An die Kollegen und Kolleginnen, mit denen wir so viel Lebenszeit verbracht haben?

Hängen wir dieses Wir-Gefühl nach der Verrentung einfach an den Nagel?

Was passiert mit unserer sozialen und kulturellen Identität?

Und überhaupt: Wie geht das mit dem Aufgeben? Bringen wir unsere gesellschaftlichen Identitäten einfach um?

Sie sind doch ein Teil von uns!

Unsere Berufe erfordern doch nicht nur Fähigkeiten, sondern auch eine Identität.

Und die soll plötzlich einfach verschwinden? Nur weil wir alt geworden sind und in Rente gehen?

Meine Freundin Anne zum Beispiel arbeitet noch. Aber in drei Monaten ist Schluss. Was dann?

Anne freut sich darauf. Aber sie fürchtet sich auch. Sie spürt, dass es schön und auch schrecklich werden wird.

Sie macht Pläne. Morgens will Anne ausschlafen. Jeden Morgen. Und dann will sie Cappuccino trinken gehen. Auch jeden Morgen.

Und im Café will sie die Zeitung lesen. Immer zuerst das Feuilleton.

Alles das, was sie bislang nur an den Wochenenden und in den Ferien tun konnte, will sie nach der Verrentung täglich tun.

Und dann will sie Fenster putzen. Und den Keller aufräumen. Und dann den Speicher. Anne lebt allein.

Sie will auch einen Workshop in Gewaltfreier Kommunikation besuchen. Das wollte sie schon lange, hatte aber nie Zeit dafür.

Abends sieht Anne gern fern. Vor allem Talkshows. Und oft schläft sie vor dem Fernseher ein. Anne lebt gern allein.

Sabine meinte letztens, Alleinleben sei etwas ganz anderes, solange man berufstätig ist.

Nach der Verrentung werde es schwierig mit dem Alleinleben.

Weil die sozialen Beziehungen, die durch den Beruf gegeben sind, plötzlich wegfallen und nur noch die privaten übrig bleiben.

Solange man arbeiten geht, kann Alleinleben ein willkommener Ausgleich für den Stress sein, den die Arbeit verursacht.

Wenn dieser Stress aber wegfällt, kann uns plötzlich vor lauter Alleinsein die Decke auf den Kopf fallen.

Für Alleinlebende ist ausschließliches Privatisieren eine ganz andere Herausforderung als für die, die nicht allein leben.

Wer in einer Lebensgemeinschaft lebt, wird sich nach der Verrentung um die Beziehung kümmern, so oder so.

Denn die neuen Lebensumstände haben Auswirkungen auf alles. Auch auf Ehen und Partnerschaften.

Wer aber allein lebt, wird nach der Verrentung auf sich selbst zurückgeworfen. Und das kann ans Eingemachte gehen.

Wer allein lebt und nicht einsam werden will, muss raus in die Welt.

Wer zu zweit lebt, kann viel eher zuhause bleiben. Paare brauchen die Welt viel weniger als Alleinlebende.

Wenn wir also nicht allein bleiben und nicht nur privatisieren wollen, dann brauchen wir Räume, wo wir hingehen können.

Um andere zu treffen. Um uns auszutauschen. Um gemeinsam etwas zu tun. Um uns als gesellschaftliche Wesen zu erleben.

Viele von uns Alten wollen etwas unternehmen. Irgendwie Zeit verbringen. Der gängige Begriff ist *Freizeitgestaltung*.

Aber ist es überhaupt sinnvoll, die Zeit, die wir im Alter haben, *Freizeit* zu nennen? Klar, die Zeit steht uns zur freien Verfügung.

Aber nicht wie früher, in kleinen Dosen, sondern nach der Verrentung steht uns die gesamte Zeit zur freien Verfügung. Die Frage ist:

Ist das dann noch Freizeit? Ist die Idee von Freizeit nicht an Arbeitszeit gekoppelt? Freizeit sozusagen als das, was nicht Arbeitszeit ist?

Wenn wir diese Teilung aber überhaupt nicht mehr haben, weil wir in Rente sind, ist dann unsere gesamte Zeit nicht einfach Lebenszeit?

Lebenszeit, über die wir frei verfügen und die wir aufteilen können in all die vielen Bereiche, für die wir uns interessieren?

Aber wofür interessieren wir uns? Diese Frage kann jeder und jede nur für sich selbst beantworten.

Meine Antwort ist dieser Text. Ich interessiere mich für die Frage, wie Gemeinschaft mit anderen meiner Generation gelingen kann.

Wie wir es hinkriegen können, uns auf Gemeinsamkeiten einzulassen, ohne unsere Individualität aufzugeben?

Okay, gehen wir dieser Frage weiter nach. Da ist der Schritt vom Berufsleben ins Privatleben.

Den haben schon viele vor uns getan. Wir aber tun ihn unter anderen Bedingungen.

Und wir sind viele Frauen. Viel mehr als früher.

In früheren Generationen waren Frauen überwiegend Hausfrauen. Und Hausfrauen müssen den Schritt vom Berufsleben ins Privatleben nie tun.

Denn Hausfrauen haben auch nie den Schritt vom Privatleben ins Berufsleben getan. Ihr Beruf ist das Privatleben.

Wir sind die erste Generation von Frauen, die in großer Zahl in der Welt berufstätig gewesen ist und nun in Rente geht.

Wir sind die erste Generation von Frauen, die ihre Kinder alleine oder mit wechselnden Partnern großgezogen hat.

Wir sind die erste Generation Frauen, die das gängige Familienmuster von Vater, Mutter, Kind in Frage gestellt hat.

Und jetzt sind viele von uns Großmütter. Emanzipierte Großmütter.

Viele von uns waren in gesellschaftlichen Funktionen, die früher nur Männern vorbehalten waren.

Einige haben sogar Positionen im öffentlichen Leben erreicht, von denen Frauen früherer Generationen nicht zu träumen wagten.

Aber was heißt das nun für die Lebenslandschaften der nachberuflichen Lebensphase?

Werden diese Landschaften sich durch die vielen Frauen verändern? Und was ist anders, wenn Frauen in Rente gehen?

Der Reihe nach. Schauen wir uns das Panorama früherer Generationen mal etwas genauer an.

Als Hausfrauen haben Frauen drinnen gearbeitet. Während die Männer draußen in der Welt waren.

Und irgendwann werden die Männer dann von draußen nach drinnen geschickt, weil sie ein bestimmtes Alter erreicht haben.

Oft beklagen sich Hausfrauen dann darüber, dass der Mann plötzlich einen Platz am Herd beansprucht und sich als Koch profilieren will.

Klar, der Mann braucht ein Tätigkeitsfeld. Und wo sucht er es? Dort, wo man ihn hingeschickt hat. Drinnen. Im Privatleben.

Im Haus, im Garten, am Auto, am Computer. Alles Möglichkeiten für private Tätigkeiten. Im Keller, in der Garage, in der Werkstatt.

Manche Männer besetzen auch die Couch. Und viele nehmen die Fernbedienung in Beschlag.

Während die Hausfrauen das tun, was sie immer getan haben: Haushalt eben.

Also: Hausfrauen bleiben, auch wenn sie älter werden, immer an ihrem Arbeitsplatz, sie müssen ihn nie endgültig verlassen.

Der Mann aber muss sehr wohl irgendwann seinen Arbeitsplatz endgültig verlassen. Und so geht es auch den berufstätigen Frauen.

Dabei kann ihre soziale Identität, also die der Frauen und der Männer, durchaus in Bedrängnis geraten, denn sie verlieren ihre Rollen.

Nur die Rolle der Hausfrau überdauert alle Lebensveränderungen.

Wenn Frauen beruflich auch oft dasselbe gemacht haben wie Männer, so wird beim Privatisieren klar, dass wir anders sind.

Wir haben ganz unterschiedliche Interessen. Keller, Garage oder Werkstatt sind meistens nicht die Orte, wo Frauen *ihr Ding* machen wollen.

Dann schon eher in der Küche und im Garten. Marmelade kochen zum Beispiel. Oder Kräuterbeete anlegen.

Berufstätige Frauen waren in der Regel immer schon mehr fürs Privatleben zuständig als berufstätige Männer es waren.

Wir Frauen sind immer schon hin und her gesprungen in unseren Rollen und Identitäten.

Auch wenn wir voll berufstätig waren, waren viele von uns auch voll Mutter.

Berufstätige Väter haben die Vaterrolle meist weniger ausgefüllt als berufstätige Mütter die Mutterrolle.

Und wir Frauen haben alle immer auch Haushalt gemacht. Die einen mehr, die anderen weniger. Wir können also Privatleben. Genauso wie Beruf.

Vor allem aber haben wir gelernt, diese beiden Leben miteinander zu kombinieren.

Die Frage ist jetzt: Was passiert, wenn die eine Variante ganz wegfällt? Wenn es nur noch Privatleben gibt?

Kommen Frauen mit dieser Situation besser zurecht als Männer? Weil sie immer schon besser privatisieren konnten?

Weil sie immer schon weniger auf gesellschaftliche Rollen fixiert waren und sich zum Ausgleich auch in privaten Rollen entfaltet haben?

Fällt uns Frauen der Schritt vom Berufsleben ins Rentenleben leichter?

Leiden wir weniger unter dem Verlust der sozialen Identität, die an den Beruf gebunden ist?

Vielleicht. Vielleicht aber auch nicht.

Und selbst wenn es so wäre, wenn wir Frauen tatsächlich besser auf unsere gesellschaftlichen Rollen verzichten können als Männer, …

… so ist doch die Frage, ob wir es wollen.

Was ist mit unserer Freiheit?

Fakt ist: Die allermeisten von uns sind froh, wenn es endlich soweit ist und wir nicht mehr arbeiten gehen müssen.

Endlich keine Termine mehr. Ausschlafen können. In Ruhe frühstücken. Es uns gutgehen lassen. Verreisen, wenn das Geld dafür reicht.

Die Enkelkinder hüten. Im Garten graben. In der Werkstatt werkeln. Uns mit Freunden und Freundinnen treffen. Im Internet surfen.

Oder Marmelade kochen. Jedenfalls keine Verpflichtungen mehr. Endlich sind wir frei von Terminen und Aufgaben.

Und mit Leistung wollen wir auch nichts mehr zu tun haben. Kein Abliefern mehr, keine Deadlines. Endlich kein Doppelleben mehr!

Nur noch das tun, was wir wollen. Freiheit genießen. Überhaupt scheint Genießen ein Auftrag für Leben im Alter zu sein.

Aber wie geht genießen?

Vierundzwanzig Stunden am Tag. Das ganze Jahr lang. Und dann noch ein Jahr. Und noch eins. Das Alter kann lange gehen.

Wir alle landen früher oder später in einer Freiheit, die wir uns niemals haben vorstellen können.

Mal ehrlich, waren wir je so frei wie jetzt? Und sind wir auf diese Freiheit überhaupt vorbereitet?

Hat uns irgendwann einmal jemand gesagt, dass Alter so viel Freiheit mit sich bringt?

Und ich meine nicht nur die Freiheit, uns dafür entscheiden zu können, morgens um sieben, acht oder um neun aufzustehen.

Biogemüse zu kaufen oder nicht. Mit der Freundin spazieren zu gehen oder doch lieber die Fenster zu putzen.

Ich meine nicht nur die Privatangelegenheiten. Ich meine auch die gesellschaftlichen. Aber:

Was haben wir nach dem Erwerbsleben überhaupt noch mit gesellschaftlichen Angelegenheiten zu tun?

Interessieren sie uns noch? Haben wir nicht genug zu tun mit unserem Privatleben und unseren Familien und Freunden?

Und wenn wir doch noch Kapazitäten frei haben, wofür nutzen wir sie? Wie frei sind wir als alter Mann und alte Frau wirklich?

Was sind die Angelegenheiten, die uns noch interessieren? Und überhaupt: Wo findet Freiheit eigentlich statt?

Nur in der Welt draußen? Also vor der Haustür? Oder auch drinnen, in unseren Wohnzimmern?

Und was ist mit unserem Innenleben? Mit unseren Seelen und unserem Geist?

Ist innere Freiheit nicht ebenso wichtig wie äußere? Und wie fühlt sich innere Freiheit an? Wie drückt sie sich aus?

Und was ist mit äußerer Freiheit? Wo und in welchen Angelegenheiten können wir Alten frei agieren?

Welche Rollen stehen uns im gesellschaftlichen Gefüge überhaupt noch zur Verfügung?

Aber erst mal wieder zurück ins Privatleben. Dorthin, wohin man uns entlassen hat.

Was passiert eigentlich mit denen von uns, die seit ein, zwei, drei, vier oder fünf Jahren in der Garage basteln?

Oder an der Werkbank werkeln? Oder im Internet surfen? Oder im Sessel sitzen und mehr oder weniger bunte Socken stricken?

Oder um die Welt reisen? Oder am Herd stehen und Marmelade kochen? Wie sehen sie ihre Zukunft?

Immer weiter werkeln? Immer weiter stricken? Immer weiter surfen? Immer weiter reisen? Immer weiter Marmelade kochen?

Wie lange soll das denn noch gehen?

Solange ich kann!

Dies ist die beliebteste Antwort alter Menschen, wenn sie nach ihrer Zukunft gefragt werden.

Nun kann das Können lange dauern. Denn unsere Lebenserwartung steigt ständig.

Soviel Marmelade kann gar keiner essen, und die Freunde wissen auch schon nicht mehr wohin damit.

Die selbstgewerkelten Vogelhäuschen stehen auch schon überall herum. Eins sogar im Wildbeet an der Kreuzung.

Die Sockenschublade ist voll mit Socken in allen Variationen. Für wen eigentlich? Und wohin soll noch mal die nächste Reise gehen?

Was ist mit den vier Festplatten, die bereits voll sind mit Fotos von überall her? Wer soll sich das alles jemals ansehen?

Und überhaupt: Welchen Sinn macht reisen, reisen, reisen, stricken, stricken, stricken und werkeln, werkeln, werkeln?

Und was ist, wenn dem Mann das Rumwerkeln in der Werkstatt eines Tages zu den Ohren rauskommt?

Wenn der Frau plötzlich klar wird, dass Sockenstricken echt keinen Sinn mehr macht?

Was ist, wenn der Marmeladenkoller sie überkommt? Das kann alles passieren.

Das kann auch dann passieren, wenn alles mal mit großer Freude begonnen hat. Denn Alter kann länger dauern, als Freude anhält.

Alter kann viel länger dauern, als wir uns vorstellen können.

Und irgendwann im Laufe der vielen Altersjahre kann die Freude am ehemals freudvollen Tun ins Leere führen. Und was dann?

Leben ist immer auch zukunftsorientiert. Auch wenn wir alt sind. Auch wenn wir uns bemühen, im Hier und Jetzt zu leben.

Wir sind immer auf Zukunft ausgerichtet. Die Frage ist: Welche Rolle spielt Zukunft, wenn wir alt werden?

Hat Alter überhaupt Zukunft?

Natürlich wissen wir Alten, dass wir weniger Zukunft haben als früher. Aber wie viel es letztendlich sein wird, weiß niemand.

Und was heißt eigentlich *viel Zukunft* oder *wenig Zukunft*? Wie stellen wir uns unsere verbleibende Lebenszeit vor?

Lassen wir alles laufen, nur weil wir glauben, es kann sowieso nichts Neues mehr kommen?

Oder denken wir, es lohnt sich nicht mehr, im Alter noch Pläne zu machen?

Oder ist es so, wie man immer wieder hören und lesen kann, dass alte Menschen überwiegend in der Vergangenheit leben?

Tun wir das wirklich? Ich jedenfalls tue das nicht. Und meine Freundinnen auch nicht. Was ist also mit unserer Freiheit?

Welche Rolle spielt sie, wenn es um unsere Zukunft geht?

Apropos Freiheit: Sie lässt sich bestens nutzen, um Fragen zu stellen, die wir uns früher nicht gestellt haben.

Fragen können nämlich ganz schön gefährlich sein.

Weil sie zu Antworten führen können, die durchaus die Kraft haben, unsere Lebensumstände aufzumischen.

Und wenn wir das fürchten, wenn wir wollen, dass alles so bleibt, wie es ist, dann ist es besser, bestimmte Fragen nicht zu stellen.

Zum Beispiel die Frage nach dem richtigen Leben.

Aber was ist das *richtige Leben*? Ist es nicht für jeden und jede von uns etwas anderes?

Was für mich richtig ist, kann für Sabine falsch sein, und umgekehrt. Was also ist *richtiges Leben*?

Ist mein richtiges Leben das, was ich mir wünsche? Das, wonach ich mich sehne?

Für diejenigen, die religiös sind, wird die Antwort etwas mit ihrem Gott zu tun haben.

Wer aber gibt denjenigen eine Antwort, die ohne Gott leben?

Und da kommt noch einmal die Freiheit ins Spiel. Und die Selbstbestimmung. Und die Aufklärung. Und das Denken.

Und die Frage, ob es überhaupt sinnvoll ist, an der Idee vom richtigen und falschen Leben festzuhalten?

Kann Leben nicht einfach Leben sein?

Ohne Beurteilung und ohne Bewertung und ohne Warum?

Aber was ist mit den Bedingungen? Den Lebensbedingungen?

Ist *richtiges Leben* das, was mir der Zufall anbietet? Was mir das Schicksal bringt? Und wie deute ich das, was auf mich zukommt?

Oder ist *richtiges Leben* das, worauf ich Lust habe? Was mir am Herzen liegt und was mich begeistert?

Wie finden wir heraus, was uns am Herzen liegt? Woher wissen wir, worauf wir Lust haben? Was löst Begeisterung in uns aus?

Und wenn wir es dann herausgefunden haben und begeistert sind und wissen, was wir uns wünschen, müssen wir es dann auch verwirklichen?

Sind wir verpflichtet, es dann auch umzusetzen? Oder können wir *Nein* sagen und uns dagegen entscheiden?

Freiheit macht alles möglich. *Frei sein* heißt, sich entscheiden zu können. Dafür oder dagegen.

Und mit den Folgen der jeweiligen Entscheidung müssen wir dann leben.

Übrigens: Die Entscheidung, die hinter einem Nein steht, kann sich sehr gut anfühlen.

Genauso gut wie die Entscheidung hinter einem Ja.

Aber eins ist auch klar: Freiheit im Alter ist nicht jedermanns Sache.

Und entscheiden auch nicht. Viele von uns lassen ihr Leben einfach laufen.

Jedenfalls macht Freiheit das Leben nicht einfacher. Denn:

Woher soll man wissen, wie man mit Freiheit umgeht, wenn man nie frei gewesen ist? Wenn man immer nur funktioniert hat?

Freiheit zu leben bedeutet eben auch bereit sein, die Verantwortung für die getroffenen Entscheidungen zu übernehmen.

Außerdem muss man verzichten können.

Denn oft ist es so, dass, wenn ich mich für das eine entscheide, ich zwangsläufig auf das andere verzichten muss.

Wer aber alles haben will, alles behalten will, nichts loslassen will, nicht verzichten will, kein Risiko eingehen will, …

… der oder die wird die eigene Freiheit eher nicht nutzen. Und auch das ist Freiheit: Die eigene Freiheit nicht zu nutzen.

Aber nochmal zurück zur Verantwortung. Verantwortung im Alter ist meistens nur noch Verantwortung für sich selbst.

Früher hatten wir Verantwortung für andere. Für unsere Kinder. Später auch für unsere Eltern. Und immer die Verantwortung im Beruf.

Verantwortung für andere aber folgt einem anderen Denkmuster und fühlt sich auch anders an, als Verantwortung für sich selbst.

Eigenverantwortung verlangt, sich selbst in den Blick zu nehmen. Aber das fällt uns schwer, wenn wir immer nur andere im Blick hatten.

Wenn man Verantwortung für andere trägt, kann man sich selbst nämlich vollkommen aus den Augen verlieren.

Wenn man dann nicht mehr gebraucht wird, fällt es schwer, Gefühle für sich selbst zu entwickeln.

Oft kommen wir auch im Alter an und wissen nicht, was uns wirklich am Herzen liegt. Was uns glücklich macht und zufrieden.

Oft haben wir von uns selbst ziemlich wenig Ahnung. Oft wissen wir auch nicht, was unsere wahren Bedürfnisse sind.

Und dann ist da plötzlich diese Freiheit, und wir sollen entscheiden und wissen gar nicht, nach welchen Kriterien.

Freiheit braucht Struktur. Aber Struktur kann man nicht kaufen. Was also ist zu tun?

Viele greifen auf Rituale und Gewohnheiten zurück. Beides wesentliche Merkmale von Alltagsleben im Alter.

Gewohnheiten und Rituale haben nämlich eine strukturierende Wirkung. Das brauchen wir freien Alten, um uns gehalten zu fühlen. Irgendwie.

Aber Gewohnheiten haben nicht nur eine strukturierende Wirkung, sondern auch eine automatisierende. Sie lassen uns funktionieren.

Sie geben uns vor, was zu tun ist. Und was nicht. Und wie es zu tun ist. Und wie nicht. Aber:

Es kann passieren, dass Gewohnheiten irgendwann keinen Sinn mehr machen. Dennoch hören sie nicht einfach so auf, zu funktionieren.

Gewohnheiten sind hartnäckig. Und selbst wenn wir uns mit ihnen schlecht fühlen, bleiben sie oft weiterhin am Werk.

Gewohnheiten sind erfinderisch und können uns sogar einreden, es sei egal, wie wir uns fühlen und was wir denken.

Wichtig sei nur, weiterzumachen wie bisher. Und so kann es passieren, dass wir in der Diktatur der Gewohnheiten landen.

Ohne es zu merken. Und um das zu vermeiden ist es gut, Gewohnheiten von Zeit zu Zeit zu hinterfragen …

… und zu checken, ob unsere Gewohnheiten noch sinnvoll sind und ob sie überhaupt noch zu uns passen.

Ob sie zu unserer neuen Lebensphase passen und zu den Veränderungen, die stattfinden und sich ergeben. Sowohl innen als auch außen.

Und wenn wir dann bereit sind und wollen, können wir an unseren Gewohnheiten arbeiten.

Wir können sie anpassen und neu justieren. Wir können neue Gewohnheiten erfinden und sie ausprobieren …

… oder alte von früher wieder einführen. Wir können durchaus mit Gewohnheiten spielen.

Die Folge davon ist, dass unsere Alltagsstruktur in Bewegung gerät. Und das kann inspirierend sein. Aber:

Um uns inspirieren zu lassen, müssen wir bereit dazu sein. Ohne innere Bereitschaft und Offenheit ist Inspiration nicht möglich.

Kostenfaktor und Machtfaktor

Warum wird eigentlich derzeit so viel Geld und Zeit investiert, um das Thema Alter und alte Menschen zu erforschen?

Beim Bund, beim Land, bei den Gemeinden; in der Medizin, der Soziologie, den Neurowissenschaften und so weiter?

Eins ist klar: Dabei geht es nicht um Mitgefühl für uns Alte. Es geht um etwas anderes. Es geht um Zahlen und Fakten. Und Geld.

Es geht darum, dass wir Alten immer mehr und immer älter werden. Es geht um uns als zunehmende Masse alter Menschen.

Und Massen werden von denen, die sie verwalten, sowohl als Kostenfaktor als auch als Machtfaktor definiert.

Letztens nannte ein Gemeindepolitiker in einem Podiumsgespräch zwei Zahlen. Die eine Zahl war irgendetwas um die zweitausend Euro.

Sie bezifferte die Kosten für einen alten Menschen, wenn er oder sie in ihren vier Wänden lebt.

Die andere Zahl war irgendetwas um die zwanzigtausend Euro.

Das ist die Summe, die ein alter Mensch die öffentliche Hand kostet, wenn er oder sie in einem Altenheim lebt.

Also ist klar, dass gesellschaftspolitisches Denken Argumente in die Welt setzt, die dafür plädieren, es sei am besten, zuhause zu bleiben.

Da, wo man immer schon gelebt hat. In den eigenen vier Wänden. Oder in der alten Mietwohnung.

Interessanterweise wird auch immer wieder behauptet, dass die überwiegende Mehrheit von uns Alten genau das auch will.

Aber wollen wir das wirklich? Oder glauben wir nur, wir sollten es wollen?

Man sagt, es sei das Beste für uns, im Alter nicht mehr umzuziehen. Aber stimmt das überhaupt?

Ist es das Beste, in einem viel zu großen Haus zu bleiben? Ist es das Beste in einer alten Wohnung zu bleiben, mit ungenutzten Zimmern?

Ist es das Beste in einem Reihenhaus mit Vorgarten in dem Dorf zu bleiben, wo wir die Kinder großgezogen haben?

Warum denken viele, und auch viele von uns Alten, bleiben sei besser als gehen? Klar, was wir kennen ist uns vertraut.

Und was uns vertraut ist, vermittelt uns Sicherheit.

Aber wieso sollen wir im Alter nicht zu neuen Ufern aufbrechen? Warum sollen wir keine Risiken mehr eingehen?

Warum sollen wir es nicht wagen, in eine kleinere Wohnung zu ziehen? Oder zusammen mit anderen in ein Wohnprojekt?

Warum sollen wir nicht neue Orte auskundschaften, neue Geschäfte, neue Ärzte und neue Nachbarn kennenlernen?

Ist unser Bedürfnis, am Alten festzuhalten, wirklich so groß? Oder wissen viele von uns einfach nicht wohin?

Wer nicht weiß wohin, bleibt wo er ist. Passiert ja nix. Kommt ja keiner und sagt: Mach dich auf!

Es verlangt ja niemand mehr etwas von uns.

Hauptsache, wir kommen klar und fallen niemandem zur Last. Mehr wird von uns Alten nicht erwartet.

Und viele von uns passen sich dieser Erwartung an und erwarten von sich selbst auch nichts mehr.

Aber zurück zu uns als Masse. Seitens der Politik wird ergründet und vor allem berechnet, wie mit dieser Masse alter Menschen umzugehen ist.

Wie sie verwaltet und organisiert werden kann. Einmal, damit sie nicht zu viel kostet. Aber auch, damit sie sich nicht selbst erkennt.

Denn eine Masse, die weiß, dass sie Masse ist, könnte erkennen, dass sie als Masse Macht hat. Sie könnte Selbstbewusstsein entwickeln.

Das aber kann für diejenigen, die Massen verwalten, zum Problem werden. Also lieber alles tun, damit die Masse sich nicht erkennt.

Denn: Wer weiß, was dann passiert? Wenn wir Alten uns unserer Macht bewusst werden. Einer Macht, die wir nicht gesucht haben.

Einer Macht, die auf der Straße liegt.

Alte Menschen als Masse mit Macht! Wer hätte gedacht, dass es mal soweit kommen könnte?

Und damit es erst gar nicht dazu kommen kann, wird propagiert, es sei für die Alten das Beste, in den alten vier Wänden zu bleiben.

Alte Leute soll man nicht mehr *verpflanzen*, so heißt es. So, wie man auch einen alten Baum nicht mehr verpflanzen soll.

Menschen sind aber keine Bäume! Und noch etwas:

Wir Alten sollen es uns schön machen. Wir sollen es uns gutgehen lassen. Nachmittags Kaffee trinken und Kuchen essen.

Wir sollen unser Privatleben *genießen*. Wir hätten es verdient, so sagen viele Jüngere. Und viele von uns Alten sagen das auch.

Aber solange wir Alten uns in dieses Bild fügen, wird die Tatsache, dass wir viele sind, im gesellschaftlichen Panorama nichts verändern.

Und das Phänomen der Masse alter Menschen wird nichts weiter sein, als ein Kostenfaktor.

Und der Machtfaktor? Er wird theoretisch bleiben.

Okay, Leute, ob dieser Machtfaktor theoretisch bleibt, hängt ganz allein von uns ab. Das muss uns klar sein.

Wir sind frei!

Wir können uns durchaus vom alten Altersbild lösen. Wir können auch anders denken als wir bisher gedacht haben.

Auch anders als uns der öffentliche Diskurs vorschreibt.

Selbst wenn wir früher sicher gewesen sind, dass unsere Mutter am besten zuhause in ihren vier Wänden aufgehoben war.

Das bedeutet noch lange nicht, dass das für uns auch das Beste ist. Vieles, was früher mal richtig war, passt heute nicht mehr.

Aber wo fangen wir an, wenn wir herausfinden wollen, was heute für uns passt?

Ich schlage vor, wir fangen da an, wo wir gerade stehen.

Wir müssen davon ausgehen, dass dieses alte Altersbild nicht nur in den Köpfen der anderen, sondern auch in unseren eigenen am Werk ist.

Wir wissen genau wie diejenigen ticken, die aus beruflichen Gründen Berechnungen und Planungen aufstellen, die uns Alte betreffen.

Und wir wissen, dass sie eher nicht davon ausgehen, dass wir Alten selbstbewusst und politisch und gesellschaftlich interessiert sind.

Wie sollten sie auch, wenn wir bisher so nicht in Erscheinung getreten sind? Jedenfalls nicht gemeinsam.

Das kollektive Altersbild zeigt uns immer noch als vereinzelte, bedürftige Menschen, die viele sind und immer mehr werden.

Und die deshalb auch immer mehr brauchen werden. Und das erschreckt die Jungen. Weil sie uns ausschließlich als Bedürftige sehen.

Und das wiederum hängt damit zusammen, dass wir Alten gesellschaftlich auf unsere Bedürfnisse reduziert werden.

Weil wir ausschließlich durch die Befriedigung unserer Bedürfnisse ökonomisch/gesellschaftlich interessant sind. Und sonst nicht.

Denn es ist ja so, wenn wir mal denken wie es ökonomisches Denken nahe legt:

Wir Alten nehmen nicht mehr aktiv am Produzieren teil. Und wer nicht produziert, schafft keinen gesellschaftlichen Mehrwert.

Aber dennoch kann auch der nicht produzierende Mensch seinen Teil dazu beitragen, dass die Wirtschaft floriert.

Und zwar, indem er oder sie kauft und kauft und kauft. Sachen. Dienstleistungen. Unterhaltung. Bildung. Alles.

Also sollen wir Alten alles, was wir brauchen und auch nicht, kaufen, kaufen, kaufen.

So lautet unser Auftrag aus der ökonomisierten Welt. Verbunden mit dem Versprechen, dass wir dann, wenn wir kaufen, dazugehören. Aber:

Vielleicht haben wir Alten gar keine Lust, immer nur zu kaufen. Oder gar kein Geld.

Oder vielleicht würden wir viel lieber immer noch produzieren, wenn man uns ließe. Zumindest ein wenig.

Dass wir unsere Fähigkeiten immer noch einbringen möchten, davon will kaum jemand etwas wissen.

Diese Altersvariationen kommen im gängigen Altersbild nicht vor. Noch nicht.

Und da wir automatisch als Bedürftige eingestuft werden, schwingt die Assoziation des Kostenfaktors im öffentlichen Diskurs immer mit.

Und mit dem Kostenfaktor schwingt immer auch die Aufforderung mit, dass wir wenig kosten sollen. So wenig wie möglich.

Auch wir Alten selbst wollen so wenig wie möglich kosten. Und am besten gar nichts.

Gesellschaftlich nichts zu kosten heißt aber, wie schon erwähnt, dass wir in unseren vier Wänden bleiben, solange es einigermaßen geht.

Es heißt auch, dass wir schön vor uns hin privatisieren und dann am Ende schön still und kostengünstig sterben. Das wäre allen am liebsten.

Aber geht es bei diesem Wunsch tatsächlich nur um die Kosten? Oder geht es noch um etwas anderes?

Was ist mit uns als Masse sichtbarer Menschen in der Öffentlichkeit? Im Straßenbild? Im Bus, im Kino, im Café, im Flugzeug?

Eine Masse schwacher und schwächer werdender Männer und Frauen scheint für viele eine Horrorvorstellung zu sein.

Das passt für viele einfach nicht in das Bild einer dynamischen, fitten, hippen und erfolgreichen Gesellschaft.

Wie sieht das denn aus, wenn immer mehr graue Köpfe unterwegs sind, immer mehr krumme Rücken und immer mehr Gehhilfen?

Als Masse werden wir Alten unweigerlich zum deutlichen und nicht mehr zu übersehenden Zeichen für Vergänglichkeit.

Der einzelne alte Mensch kann diese Wirkung nicht erzeugen, aber als Masse zeigen wir der Welt, wie das Leben am Ende aussehen kann.

Als Masse bremsen wir Alten auch die kollektive Schnelligkeit. Einmal, weil wir im Alter bewegungsmäßig langsamer werden.

Aber auch, weil Schnelligkeit aus unserer Sicht ihren Sinn verliert. Wir Alten ziehen sozusagen den Stecker der kollektiven Geschwindigkeit.

Und das kann diejenigen nerven, die schnell sein wollen, weil sie glauben schnell sei besser als langsam.

Eins nach dem anderen zu tun, mit Achtsamkeit und Vorsicht, wird im Alter zur Notwendigkeit. Irgendwann ist Schluss mit Multitasking.

Man könnte es auch Entschleunigung nennen. Aber wie gesagt, im Alter ist sie eher nicht freiwillig. Dennoch:

Wir Alten könnten bei der Slow-Bewegung durchaus aktiv mitwirken.

Übrigens nicht nur dort, sondern auch bei anderen weltweiten, modernen, gesellschaftlichen Bewegungen.

Die Gemeinwohl-Ökonomie zum Beispiel plädiert für eine Veränderung im Profitdenken und im Geschäftsgebaren.

Ihr liegen Gedanken zugrunde, die die Welt gerechter machen wollen. Ihre Anhänger wollen mit den Ressourcen besser umgehen.

Und vor allem wollen sie alles gerechter verteilen. Diese Gedanken passen doch perfekt zu uns Alten.

Denn warum sollten wir uns immer noch an den Idealen von Leistung und Profit orientieren?

Selbst wenn wir mal darauf ausgerichtet gewesen sind, so verliert der Wertekatalog eines leistungsorientierten Lebens seinen Sinn.

Geben wir es zu: Profitorientierung macht im Alter überhaupt keinen Sinn mehr.

Nicht weil wir genug haben, sondern weil wir erkennen, welche Folgen Profitorientierung hat.

Wir Alten wissen nämlich ganz genau, und zwar aus eigener Erfahrung, wie hoch der Preis sein kann für Immer-mehr-haben-wollen.

Und außerdem: Im Alter erkennen wir, dass alles Geld der Welt uns nicht vor Krankheit schützen kann.

Auch nicht vor Einsamkeit und Verlust.

Okay, jetzt kann man sagen, dass alles besser zu leben ist mit viel Geld als mit weniger. Dass Alter überhaupt viel besser zu leben sei ...

... mit viel Geld als mit weniger. Und das stimmt. Geld ermöglicht Möglichkeiten.

Aber ob und wie Möglichkeiten genutzt werden, bestimmt nicht das Geld, sondern jede und jeder selbst.

Übrigens: Ist Selbstbestimmtheit dasselbe wie Freiheit?

Und was hat das alles mit Sinn zu tun? Überhaupt: Welchen Sinn hat das Alter?

Frühere Generationen mussten sich das alles nicht fragen. Früher war Alter keine eigene Lebensphase, sondern nur das Ende der Lebenszeit.

Dieses Ende dauerte oft nicht sehr lange und man nannte es Lebensabend.

Der Lebensabend war zum Ausruhen da. Ich erinnere mich noch genau. Die Oma war alt und saß auf dem Stuhl.

Und wenn sie mitmischen wollte und die Mutter genervt war, sagte sie zur Oma: *Bleib sitzen und bete für eine glückselige Sterbestunde!*

Das sollte der Lebenssinn der Oma sein. Beten. Und sich aufs Sterben vorbereiten.

Für uns heutigen Alten ist Beten als Lebenssinn keine Option. Wobei: Sich aufs Sterben vorzubereiten, finde ich gut. Die Frage ist wie?

Aber nochmal zurück zur Sinnfrage. Welchen Sinn hat heute Leben im Alter? Und wo suchen wir ihn?

Auf dem Sofa? Am Kaffeetisch? In einem Workshop? In einem Buch? Ist die Frage nach dem Sinn eigentlich sinnvoll?

Oder kann Leben im Alter vielleicht sogar ohne Sinn sinnvoll sein?

Sozusagen Leben um des Lebens willen? Einfach nur weil wir leben, leben wir? Und basta?

Geht das überhaupt? Leben um des Lebens willen? Und was heißt das dann für unser Denken? Wie bedenken wir das reine Leben?

Jedenfalls: Leben im Alter ist für uns alle neu. Wir sind alle zum ersten Mal alt. Niemand von uns hat Erfahrung damit.

Wir haben nur Beschreibungen und Bilder von Leben im Alter aus alten Zeiten und von früheren Alten.

Und jetzt, wo wir selbst alt geworden sind, merken wir, dass diese Beschreibungen und Bilder oft einfach nicht zu uns passen.

Denn unsere Biografien sind anders. Wir hatten andere Lebensumstände. Und wir hatten ganz andere Möglichkeiten.

Und genau so ist es auch jetzt im Alter. Da haben wir auch andere Möglichkeiten, als die Alten vor uns.

Die Frage ist, was machen wir mit diesen Möglichkeiten?

Aber mal langsam. Es stimmt: Da sind Möglichkeiten. Aber heißt das auch, dass wir etwas mit ihnen machen müssen?

Was ist, wenn wir sie einfach links liegen lassen und Kaffee trinken gehen?

Was passiert eigentlich mit ungenutzten Möglichkeiten? Und wie geht es Menschen, die ihre Möglichkeiten nicht nutzen?

Die Parkbank

Was ist eigentlich, wenn die Welt uns nicht mehr will? Weil wir alt sind und die Welt uns einfach übersieht?

Die Welt. Die Gesellschaft. Die Öffentlichkeit. Was ist, wenn das alles für uns definitiv zu Ende ist?

Stop! Die Welt will uns ja!

Es ist ja nicht so, dass wir einfach verschwinden sollen. Nein. Die Welt, die Gesellschaft, die Öffentlichkeit wirbt sogar um uns.

Und es ist ziemlich genau definiert, wie die Welt uns will und welche Rollen sie uns anbietet.

Die Rollen, die die Welt uns zur Verfügung stellt, sind vielfältig. Da sind zum Beispiel die Rollen als Patientin und Patient.

Oder die Rollen als Mitglied oder Gast oder Kundin und Kunde, als Teilnehmerin und Teilnehmer, als Klientin und Klient, …

… als Käuferin und Käufer. Und immer ist Geld im Spiel. Unser Geld.

Unsere Rente. Unsere Pension. Unser Gespartes. Unsere Versicherungen.

Die Welt, die Gesellschaft, die Öffentlichkeit hat ein wahnsinnig großes Interesse an unserem Geld.

Und wir? Wie geht es uns mit diesem großen Interesse an unserer Rente, unserer Pension, unseren Versicherungen und unserem Gesparten?

Wie fühlen wir uns mit diesen öffentlichen Rollen, die wir uns kaufen können? Wie gehen wir mit dem Rollenangebot um?

Nirgendwo sonst werden wir so hofiert wie dort, wo es Kassen gibt, an denen wir unser Geld lassen können.

Und je nachdem, wo wir kaufen gehen, und je nachdem, wie viel Geld wir schon an diesen Kassen gezahlt haben, …

… werden wir sogar mit unserem Namen begrüßt, wird uns die Tür aufgehalten, wird uns ein Espresso angeboten, …

… wird uns eine Kundenkarte angetragen, werden uns regelmäßig Einladungen zugeschickt, zu Veranstaltungen, auf denen wir …

… nichts weiter tun sollen als kaufen, kaufen, kaufen.

So können sich Kaufsituationen zu Höhepunkten in unseren Einsamkeiten entwickeln. Wahnsinn!

Wer von uns Alten aber nicht konsumieren will, wer nicht kaufen will und wer nicht kaufen kann, der ist echt aufgeschmissen.

Denn was bleibt uns übrig, wenn wir all die verschiedenen Konsumentenrollen nicht bedienen können oder wollen?

Wo können wir hingehen? Wo sind wir ohne unser Geld willkommen?

Welcher Platz steht uns in der Welt, in der Gesellschaft, in der Öffentlichkeit dann noch zur Verfügung?

In jedem Fall die Parkbank!

Morgens um elf. Oder nachmittags um drei. Jederzeit und überall können wir Alten umsonst auf öffentlichen Bänken sitzen.

Oder über öffentliche Wege gehen oder auf öffentlichen Plätzen stehen.

Dann die Natur. Landschaften, Parks, Anlagen, Flussufer, Strände, Berge, Wälder, Seen, Meer … alles gratis.

Natur und Alter, das passt. Denn altern ist Natur pur. So könnte man meinen.

Und was ist mit Kultur? Keine Kultur zum Konsumieren, sondern Alterskultur? Jedenfalls:

Wer Alterskultur will, muss ran ans Alter.

Und um nochmal auf die Parkbank zurückzukommen: Was wäre mit Parkbänken für drinnen?

Bänke, Stühle, Sessel und Sofas in öffentlichen Räumen, in denen wir nicht konsumieren müssen? Kulturräume. Von uns für uns!

Was wäre mit Clubs für tagsüber?

Wäre es nicht eine gute Idee, uns darum mal zu kümmern? Wie wir so etwas organisieren und finanzieren können?

Öffentliche Räume. Selbstverwaltet

Sobald wir Alten uns als Masse erkennen, sobald wir die Angst vor unserer Macht aufgeben, sobald wir bereit sind für …

… selbstbewusstes Altwerden und Altsein, wird sich die gesellschaftliche Atmosphäre verändern.

Wir müssen nur gezielt aktiv werden und mit dem Verändern anfangen.

Und von den Veränderungen, die wir gemeinsam erwirken, werden dann alle profitieren.

Auch die, die nicht aktiv am Verändern teilnehmen und auf dem Sofa sitzen bleiben.

Ob die Veränderungen dann von den Nichtaktiven als positiv oder als negativ bewertet werden, ist eine andere Sache.

Denn im Bewerten und Beurteilen sind diejenigen, die auf dem Sofa sitzen bleiben, besonders gut.

Die Aktiven sind mit Tun beschäftigt. Mit Organisieren und Diskutieren, mit Analysieren und Handeln.

Wer aktiv bei gesellschaftlichen Veränderungen dabei ist, geht auch das Risiko ein, zu scheitern, frustriert zu sein oder sich zu ärgern.

Wer dazu nicht bereit ist, wer seine persönlichen Befindlichkeiten höher bewertet als das Risiko im gemeinsamen Tun, ...

... wird auf dem Sofa sitzen bleiben.

Sofa als Metapher für ausschließliches Privatisieren unter dem Diktat der persönlichen Befindlichkeit. Und machen wir uns nichts vor:

Die allermeisten Männer und Frauen leben nach dem Ausscheiden aus dem Erwerbsleben unter dem Diktat ihrer Befindlichkeiten.

Dann wird nur noch das gelebt, was man persönlich gut findet. Ob das gut für die anderen ist, gut für die Umwelt, gut für die Gesellschaft, ...

... gut für die Welt, das steht auf der Prioritätenliste weiter hinten, wenn die persönliche Befindlichkeit der Kompass ist.

Für die persönliche Befindlichkeit ist Gutfühlen das Allerwichtigste.

Aber woraus sich dieses *Gutfühlen* zusammensetzt, wird oft nicht hinterfragt.

Jedenfalls ist die Zusammensetzung persönlicher Befindlichkeiten ein äußerst komplexes Gebilde.

Es besteht aus Erwartungen, Beurteilungen, Bewertungen, also aus mentalen Modellen, die nicht gestört werden wollen.

Und was Gefühle angeht, so sind sie im Rahmen persönlicher Befindlichkeiten eher so etwas wie Ideen von Gefühlen.

Für lebendige Gefühle, spontane und frische, gibt es in persönlichen Befindlichkeiten oft keinen Raum.

Frische Gefühle werden eher unterdrückt. Weil sie das Konstrukt des Befindlichkeitskomplexes ins Wanken bringen können.

In jedem Fall ist der Schritt vom Sofa in die Welt für uns alle nicht einfach.

Aber für diejenigen, die viel persönliche Befindlichkeit in sich tragen, ist er besonders schwer.

Weil die Vorstellung vom *Sich-gut-fühlen-müssen* eine solche Last ist, dass sie es einfach nicht schaffen, aufzustehen.

Denn die Angst vor Situationen, in denen ihr Befindlichkeitsmuster gestört werden könnte, ist zu groß.

Befindlichkeitsmenschen ahnen es und viele wissen es, dass der Welt ihre Befindlichkeiten total egal sind. Denn:

Die Welt ist so groß, dass persönliche Befindlichkeiten ganz automatisch klein werden.

Und das empfinden Befindlichkeitsmenschen als Bedrohung, weil sie mit ihren Befindlichkeiten identifiziert sind.

Sie sind so sehr damit identifiziert, dass sie meinen, klein zu werden, sobald ihnen Gutfühlen nicht mehr gelingt.

Sie vergessen, wie spannend es in der Welt sein kann, wie interessant und hilfreich und lehrreich. Obwohl: Viele erinnern sich.

Aber sie schaffen es nicht, mutig zu sein und zu prüfen, was passiert, wenn sich niemand für ihre Befindlichkeit interessiert.

In Weltangelegenheiten spielen persönlichen Befindlichkeiten jedenfalls keine Rolle.

Und das ist für Privatidentitäten oft schwer auszuhalten.

Deshalb sind sie lieber zuhause, denn dort ist ihre persönliche Befindlichkeit in Sicherheit und ihre private Identität auch.

Zuhause kann die persönliche Befindlichkeit unangefochten regieren. Auch als Diktatur.

Jetzt nehmen wir mal an, es kommt der Moment, wo wir zuhause sind und als Privatmenschen eine Feststellung machen.

Nämlich dass wir uns selbst unterdrücken, indem wir uns immer nur gut fühlen wollen.

Nehmen wir mal an drei, vier oder zehn oder mehr von uns stehen vom Sofa auf und gehen raus in die Welt.

Nehmen wir mal an, sie schaffen es, sich von der Diktatur ihrer jeweiligen persönlichen Befindlichkeit zu befreien.

Nehmen wir mal an, sie treffen sich. Irgendwo.

Nehmen wir mal an, sie fangen an, sich zu unterhalten, und vielleicht setzen sie sich sogar für ein oder zwei Stunden in einen Kreis.

Vielleicht hören sie sich gegenseitig zu.

Nehmen wir mal an, sie finden heraus, dass sie zwar verschieden sind, aber dasselbe wollen.

Nehmen wir mal an, alle wollen mehr Gemeinsamkeit, mehr Austausch, mehr Teilnahme an gesellschaftlichen Angelegenheiten.

Nehmen wir mal an, einige interessieren sich für ein gemeinsames Wohnprojekt. Andere für ein Kulturzentrum. Einen Club.

Nehmen wir mal an, sie sind sich einig, dass sie das, was sie wollen, selbst gründen müssen.

Könnte da nicht Freude aufkommen? Lust? Begeisterung?

Was sie in jedem Fall brauchen sind Räume. Öffentliche Räume. Um sich treffen zu können und um gemeinsam weiterzugehen.

Wo sind diese öffentlichen Räume?

Die Frage ist: Wie kriegen wir es hin, wenn wir bereit sind, von unseren Sofas raus in die Welt zu gehen, Räume für uns zu schaffen?

Öffentliche. Wo wir Alten uns treffen und von wo aus wir uns um die Welt kümmern können?

Wo wir Bedingungen schaffen können, die wir brauchen, um uns zu entwickeln. Wo wir voneinander und miteinander lernen können.

Wo wir ein Gefühl für uns entwickeln können. Als Generation.

Damit wir spüren können, was *Generation* überhaupt bedeutet. Dass es kein abstrakter Begriff ist.

Keine soziologische Angelegenheit. Sondern, dass es sich um uns selbst handelt. Um lebendige Männer und Frauen.

Die ihre wahren Bedürfnisse erkunden wollen. Die echten. Und diese echten Bedürfnisse unterscheiden wollen von den angedichteten.

Die sich nicht länger etwas vorschreiben lassen wollen. Und schon gar nicht ihre Bedürfnisse.

Ganz ehrlich: Die Bedingungen, um öffentliche Räume zu gründen, sind derzeit äußerst günstig.

Denn erstens sind wir eine Generation, in der viele wissen, wie Zusammentun geht. Weil wir es getan haben, als wir jung waren.

Zweitens wissen viele von uns, wie Gründen geht.

Unsere Generation weiß auch, wie es geht, sich gesellschaftlich zu positionieren. Weil viele von uns dies früher schon mal getan haben.

Aus eigener Motivation heraus. Aus einer sozialen, politischen, gesellschaftlichen und kulturellen Identität heraus.

Viele von uns wissen ebenfalls, wie es geht, sich selbst zu legitimieren.

Wie es geht, als freie Frau und freier Mann in einer freien Gesellschaft selbstreflektiert am Werk zu sein.

Und weil wir das alles schon mal getan haben, können wir es wieder tun.

Wenn wir inspiriert sind. Wenn wir spüren, dass wir dran sind. Wenn wir bereit sind. Wenn wir es wollen. Wenn wir uns begeistern.

Außerdem scheint es zu unserer Generation zu gehören, von Zeit zu Zeit gesellschaftliche Veränderungen anzuschieben.

Als wir jung waren, haben wir es Revolution genannt. Später hieß es Reformen. Und dann Strukturveränderungen.

Eine terminologische Anpassung an den langen Marsch durch die Institutionen.

Und jetzt kommen diejenigen, die den Marsch durchgestanden haben, hinten wieder raus. Und was nun?

Den Marsch fortsetzen? Durchs Privatleben? Das kann es doch nicht gewesen sein! Oder?

Und was ist mit Revolution? Jetzt, wo wir alt sind und frei, müssen wir uns terminologisch nicht mehr anpassen.

Seien wir ehrlich: Veränderung ist unser Ding. Wir sind die Generation der Veränderungen.

Seit siebzig Jahren kein Krieg in unserem Land. Friede seit ich auf der Welt bin. Und auch Anne und Ulla haben niemals Krieg erlebt.

Sabine jedoch hat noch diffuse Erinnerungen an Krieg. Vor allem an eine traurige Mutter. Ihr Vater ist vermisst geblieben.

Mein Vater ist zurückgekommen und der von Anne auch. Ullas Vater ist im Krieg gefallen.

Sie hat ihn nie kennengelernt. Übrigens: Sabine und Ulla kennen sich seit siebenundvierzig Jahren.

Damals haben sie in Köln gemeinsam mit anderen ein leerstehendes Ladenlokal gemietet und einen Kinderladen gegründet.

Das war zu dieser Zeit etwas ganz Neues. Und heute könnte es auch etwas ganz Neues sein, wenn Alte leerstehende Ladenlokale mieten.

Das können wir von unseren türkischen Nachbarn lernen. Die haben überall ihre Kulturzentren in Ladenlokalen untergebracht.

Dort treffen sie sich. Aber nur die Männer. Die Frauen sind zuhause. Im Privaten. In der Küche und so.

Die Kulturzentren für die türkischen Männer sind für sie die Welt, die Öffentlichkeit, die Gesellschaft. Vor allem, wenn sie alt sind.

Die Welt, die sie brauchen, weil sie sich selbst nicht anders sehen können als Männer, die in der Welt stehen.

Zuhause bleiben ist für sie keine Option. Zuhause bleiben nur Frauen.

Raus in die Welt ist wichtig. Und wenn schon nicht auf die Arbeit, dann eben ins Kulturzentrum.

Und das wollen wir auch.

Unsere öffentlichen Räume sollen natürlich Räume sein für alle, nicht nur für Männer.

Für alle, die nicht mehr arbeiten gehen müssen, die aber dennoch raus in die Welt wollen.

Und die einen Ort brauchen, ohne in die Rolle des Konsumenten oder der Konsumentin zu geraten.

Und dann das Internet. Als virtueller Raum für alles Mögliche.

Wir sind die erste Generation von Alten mit Internet.

Und viele von uns sind dort unterwegs. Vom Sofa aus. Die Frage ist, wie sind wir unterwegs? Konsumierend oder produzierend?

Und die Frage ist auch, ob wir mit unseren Internetkontakten gesellschaftlich wirken wollen.

Oder ob wir sie ausschließlich für die Befriedigung unserer persönlichen Befindlichkeiten nutzen.

Aber eines ist auch klar: Das Internet bietet Möglichkeiten, die vor uns noch keine Generation alter Menschen hatte.

Wir können unsere Gedanken und Ideen formulieren und twittern und bloggen …

… und bei Facebook posten. Wir können eigene Webseiten ins Netz stellen. Und sogar Bücher im Internet veröffentlichen.

Niemand hindert uns, uns frei zu äußern. Auch frei von Vorgaben, die wir aus der Erwachsenenwelt kennen.

So können wir auch endlich unsere Versagensbiografien erzählen. Anstatt mit unseren Erfolgen zu prahlen.

Und wir können auch von unserer Feigheit berichten. Oder von unserer Angst. Wir müssen nicht mehr so tun als ob.

Alles, was wir bisher verdrängt haben, kann jetzt an die Oberfläche steigen. Wenn wir es zulassen.

Leben verstehen wir immer erst im Nachhinein. Und wir Alten sind das personifizierte Nachhinein.

Wir können erzählen, wie es sich lebt mit dem Glauben an Profit und Leistung, an Mehr und Höher und Weiter.

Welchen Druck dieser Glaube nach permanentem Wachstum aufbaut. Und wie der Druck wiederum den Glauben aufrecht erhält.

Wir wissen wohin es führen kann, wenn wir feige sind. Und wie es sich anfühlt, wenn wir uns nicht trauen, so zu sein, wie wir wirklich sind.

Wir wissen auch, welch ein Irrtum es ist, jahrelang zu glauben, dass alles besser wird, wenn wir endlich nicht mehr arbeiten gehen müssen.

Wir Alten können Schlussfolgerungen ziehen aus dem, was wir gelebt und erlebt haben. Aber zum Schlussfolgern brauchen wir Denkprozesse.

Gemeinsame und einsame.

Und um gemeinsame Denkprozesse realisieren zu können, brauchen wir Räume.

Natürlich sind da unsere Wohnzimmer, Küchen, Terrassen, Gärten und Balkone. Alles Privaträume.

Wenn wir aber gesellschaftlich wirksam sein wollen, brauchen wir öffentliche Räume. Aus atmosphärischen Gründen.

Weil wir besser öffentlich denken können, wenn wir uns in öffentlichen Räumen aufhalten.

In unseren Wohnzimmern fallen wir nämlich ganz leicht immer wieder ins Private. Und schon wird wieder der Tisch gedeckt.

Wenn wir uns auf ein Thema, eine Frage oder eine Aufgabe fokussieren wollen, fällt uns das in öffentlichen Räumen leichter.

Räume für Arbeitsgruppen. Für Vereinstreffen. Für alles Mögliche. Und natürlich auch für Feste. Auch für Kaffee und Kuchen. Manchmal.

Räume, in denen wir die Bedürfnisbefriedigungsindustrie umgehen können.

Je länger ich an diesem Text schreibe, umso klarer wird, dass es um gesellschaftlich wirksames Altwerden geht.

Das muss man wollen. Dazu muss man sich entscheiden. Das kommt nicht von allein.

Und wer das will, braucht eine ganz wesentliche Voraussetzung: Nämlich tatsächlich alt sein zu wollen.

Wenn ich nicht alt sein wollte, wäre dieser Text nie zustande gekommen.

Wenn ich nicht alt sein wollte, hätte ich all die Gedanken, die ich in die Tasten tippe, niemals denken können.

Ich hätte sie durch Jungseinwollen verhindert. Obwohl ich alt bin.

Sie hätten keinen Raum in mir gefunden. Keinen Widerhall. Ich hätte nicht wahrnehmen können, was in mir abgeht.

Ich würde anders denken, wenn ich jung sein wollte und mich mit diesem Jungseinwollen identifizieren.

Wenn wir denken, dass wir gar nicht alt sind, weil wir uns doch noch so jung fühlen, dann kann sich kreatives Denken zum Alter nicht bilden.

Und wenn wir alt sind, aber denken, wir seien nicht alt, dann schaffen wir zudem Ungereimtheiten. Nichtübereinstimmung. Inkohärenz.

Egal wie wir es nennen, wenn wir Altwerden und Altsein ablehnen, rauben wir uns Möglichkeiten und Lebensenergie.

Die wir nutzen können. Nicht um jünger zu sein, sondern um uns um die vielen offenen Altersfragen zu kümmern.

Zum Beispiel um die Frag: Was ist so neu am Alter? Was ist anders als früher? Für mich persönlich wie auch für uns alle?

Denn im Altersprozess verändern sich die Dinge, ohne dass wir uns dafür entschieden haben. Einfach so. Plötzlich verschiebt sich etwas.

Und wir sehen manche Dinge aus einem anderen Blickwinkel. Oder wir wissen oft nicht mehr, ob das noch stimmt, was wir immer geglaubt haben.

Irgendwie werden wir unsicher. Und es ruckelt manchmal in unserem inneren System. Mal mehr und mal weniger.

Dann können wir entweder unser Betriebssystem durch ein Update modernisieren. Oder uns ein neues besorgen.

Als ich sechzig wurde, habe ich erst mal mein altes geupdatet. Das war erfrischend und hat Spaß gemacht.

Ich habe damals die Perspektive geändert, und mich für die Altersperspektive entschieden.

Weil ich sehen wollte, wie die Welt aus dieser Perspektive aussieht. Und weil ich erleben wollte, wie ich mich dabei fühle.

Der Grund war, dass ich darüber schreiben wollte. Mit dieser neuen Software ausgestattet durchs Leben zu gehen war interessant.

Jetzt gehe ich auf die Siebzig zu und merke, dass ich in nächster Zeit wahrscheinlich ein ganz neues Betriebssystem brauchen werde.

Dass ein Update nicht mehr ausreichen wird. Weil sich meine Bedürfnisse nochmal verändert haben.

Und mein Blickwinkel sich nochmal erweitert hat.

Und auch in meinem Wertesystem hat es nochmal geruckelt. Weil einige Impulse stärker geworden und andere ganz verschwunden sind.

Je älter ich werde, umso mehr werde ich *ich selbst*. Jedenfalls ist das mein Eindruck.

Es ist wie wenn alles, was nicht zu meinem Wesen gehört, im Lauf des Prozesses beim älter und älter werden wegfällt.

Und für die neue Version von mir selbst werde ich bald ein ganz neues Betriebssystem brauchen. So empfinde ich es jedenfalls.

Aber klar ist auch: Ich will eins, in dem auch die Software für das Generationen-Wir funktioniert.

Ich will meine Individualität mit Gemeinsamkeiten verbinden. Und meine private Identität mit meiner gesellschaftlichen kombinieren.

Aber es ist auch klar: Das ideale Betriebssystem fürs Alter wird nicht aus dem Silikon Valley kommen.

Das werden wir Alten schon selbst entwickeln müssen.

Altersemanzipation

Apropos öffentliche Räume:

Früher, in der Frauenbewegung, da haben wir Frauen uns auch öffentliche Räume geschaffen, in denen wir unter uns sein konnten.

Ohne Männer. Das war damals ein Skandal. Das hatte es vorher nicht gegeben, dass Frauen Räume für sich allein beanspruchten.

In der Öffentlichkeit. In der Welt. In der Gesellschaft.

Frauen konnten natürlich unter sich sein, das hat ihnen niemand verboten, aber das wurde als Privatangelegenheit definiert.

Traditionelle Versammlungsorte für Frauen waren ihr Zuhause, ihre Küchen, ihre Wohnzimmer, ihre Gärten und Balkone.

Öffentliche Versammlungsorte waren für Frauen, die unter sich sein wollten, nicht vorgesehen.

Aber warum wollten wir Frauen damals eigentlich öffentlich unter uns sein? Wieso war uns das so wichtig? Ein kurzer Rückblick.

Wir waren damals jung.

Wir machten politische Erfahrungen in Sachen außerparlamentarischer Opposition. Unsere Grundstimmung war Unzufriedenheit.

Auch weil die politischen Konzepte, für die wir uns begeisterten, sich im Verhalten unserer Freunde und Männer nicht widerspiegelten.

Wir Frauen waren frustriert und hatten irgendwann keine Lust mehr auf männliche Verhaltensregeln, die uns keinen Raum ließen.

Wir hatten auch keine Lust mehr auf die Trennung von privat und gesellschaftlich.

Wir waren es auch leid, immer nur fürs Fühlen zuständig zu sein. Wir wollten auch denken. Und zwar selbst.

Und wir wollten unser Denken und Fühlen reflektieren und ausdrücken können, ohne ständig verbessert und gemaßregelt zu werden.

Wir wollten uns nicht ständig rechtfertigen. Wir wollten einfach frei denken und reden können.

Und das war damals für Frauen schwierig, weil es nicht üblich war, dass Frauen eigene Gedanken hatten und sie auch noch formulierten.

Weil fürs Denken und Formulieren immer die Männer zuständig gewesen waren. So wie wir fürs Fühlen.

Jedenfalls: Wir Frauen der Frauenbewegung waren gesellschaftspolitisch aufgewacht.

Wir hatten erkannt, dass das Private politisch ist und wollten die Welt verändern.

Wir wussten, dass es gut ist, bei sich selbst anzufangen. Also fingen wir an, unsere persönlichen, privaten Leben in den Blick zu nehmen.

Und wir fingen ebenfalls an, uns selbst und die Welt von einem frauenspezifischen Standpunkt aus zu betrachten.

Wir wollten unsere Lebensumstände analysieren und reflektieren und schließlich auch definieren. Und das haben wir gemacht.

Das war dann gelebter Feminismus.

Warum ich das alles hier schreibe? Weil ich eine Parallele aufzeigen will.

Zwischen unserer Situation damals als Frauen, die fremddefiniert waren, und uns heutigen Alten, die auch fremddefiniert sind.

Wollen wir es wirklich zulassen, dass andere uns deuten? Wollen wir wirklich nicht hinterfragen, ob es in Ordnung ist, …

… an einem bestimmten Punkt unserer Biografie ins Privatleben zu verschwinden und keinen gesellschaftlichen Mucks mehr zu machen?

Wollen wir tatsächlich nur noch Konsumentenrollen bedienen?

Wollen wir erst dann wieder aus unseren Privatleben auftauchen, wenn wir nicht mehr können? Als Pflegefall? Oder als Betreuungsfall?

Oder wollen wir das ganze Muster von Leben im Alter noch einmal ganz neu aufrollen?

Wie wäre es mit Emanzipation? Altersemanzipation! Diesmal alle zusammen, Männer und Frauen gemeinsam.

Eigentlich könnten wir aufhören, Erwachsene zu sein

Üblicherweise denken wir, alte Menschen seien einfach alte Erwachsene.

Was sollten sie auch sonst sein, als Erwachsene, die in die Jahre gekommen sind?

Wenn wir den Verlauf unserer Leben in Lebensphasen betrachten, dann waren wir zuerst Kinder, dann Jugendliche und schließlich Erwachsene.

Und jetzt sind wir Alte. Aber was bedeutet das eigentlich?

Die Tatsache, dass wir Alten alle mal zu Erwachsenen geworden sind, muss ja nicht unbedingt heißen, dass wir es auch bleiben. Oder?

Vielleicht sollten wir uns die Mühe machen und einmal checken, was *Erwachsensein* eigentlich bedeutet.

Und wir sollten uns fragen, ob es für uns überhaupt noch interessant ist, uns als Erwachsene zu definieren.

Wir Alten wissen ganz genau, wie das Leben als erwachsener Mann und erwachsene Frau geht. Was da passiert und wie es sich anfühlt.

Wir wissen auch, dass Erwachsene nicht frei sind. Das wissen wir aus eigener Erfahrung. Denn Erwachsene haben viele Verpflichtungen.

Auf ihren Schultern lastet die ganze Welt.

Erwachsene müssen ihren Lebensunterhalt verdienen. Sie müssen ihre Kinder großziehen. Viele müssen sich auch um ihre Eltern kümmern.

Erwachsene sind die Sandwich-Generation.

Sie müssen in alle Richtungen tätig sein und dann auch noch die Welt regieren, verwalten und organisieren.

Die Generation der Erwachsenen muss die Welt rund laufen lassen. Irgendwie jedenfalls.

Und es ist noch gar nicht lange her, da waren wir selbst diese Erwachsenen der Sandwich-Generation.

Wir wissen deshalb ganz genau, was da abgeht. Von Freiheit keine Spur.

Höchstens mal zwischendurch. Am Wochenende. Oder im Urlaub.

Freiheit wird üblicherweise von der mittleren Generation auf später projiziert, auf die Zeit danach.

Und das *Danach* ist genau die Zeit, in der wir jetzt angekommen sind. Danach ist, wenn man aus der mittleren Generation rausgewachsen ist.

Danach ist, wenn man alt wird. Wir Alten sind *Danach*. Wir haben die Erwachsenenzeit sozusagen überlebt. Und jetzt?

Mal ehrlich: Können wir da nicht auch aufhören, erwachsen zu sein? Die Frage klingt sonderbar, ich weiß.

Vor allem für diejenigen, die meinen, sie sofort beantworten zu müssen. Wahrscheinlich werden sie erstmal zurückfragen:

Ja, aber was sollen wir denn sonst sein, wenn wir keine Erwachsenen mehr sind?

Rückfragen sind für neue Gedankengänge oft ein Hindernis. Sie verhindern, dass wir in neue Richtungen denken.

Wer zurückfragt, meint auch oft, Fragen müssten möglichst schnell beantwortet werden. Damit es weitergehen kann.

Aber wohin soll es weitergehen? In welche Richtung?

Klar, wer immer in dieselbe Richtung gehen will, der muss Fragen schnell beantworten. Einfach um seine Ruhe zu haben. Aber:

Schnelle Antworten resultieren aus schnellem Denken, und schnelles Denken funktioniert in Denkmustern, die eher alt sind.

Neue Denkmuster brauchen Zeit. Oft müssen sie erst geknüpft werden.

In diesem Text wird viel gefragt. Und viele Fragen bleiben offen. Das kann nerven. Aber es kann auch inspirieren.

Lasst uns mal weiterfragen. Nicht um zu nerven, sondern um zu inspirieren.

Was wäre eigentlich so schlimm daran, wenn wir Alten nicht mehr erwachsen wären?

Wenn Erwachsensein zu unserer Vergangenheit gehören würde und wir frei wären für eine ganz neue Definition.

Übrigens, egal, wie wir uns entscheiden:

Wenn wir Alten wollen, können wir natürlich jederzeit und immer wieder so tun, wie Erwachsene tun.

Schließlich haben wir das ganze Erwachsenenrepertoire noch drauf. Der Unterschied ist nur: Wir müssen nicht mehr!

Wir Alten können, wenn wir dazu bereit sind, ein ganz eigenes Lebensgefühl entwickeln.

Wir können auch uns selbst und die Welt aus einer ganz eigenen Perspektive betrachten.

Wir können uns und unsere Lebensituation selbstbewusst deuten. Und uns auch selbstbewusst definieren.

Dazu allerdings müssen wir uns erstmal selbst legitimieren. Denn niemand sonst wird uns die Berechtigung dazu erteilen.

Wieso auch, wenn alte Männer und Frauen nur noch als Privatmenschen definiert werden.

Und um uns selbst zu berechtigen, müssen wir verstehen, wer wir im Alter sind.

Wir müssen unsere Bedürfnisse erkunden. Die anders sind als früher. Und auch anders, als man sie uns andichtet. Übrigens:

Wenn es um die Bedürfnisse alter Menschen geht, ist äußerste Vorsicht geboten!

Denn die Welt ist voll mit Beschreibungen von dem, was wir Alten brauchen und was wir brauchen sollen.

Kaum etwas ist für die Öffentlichkeit so minutiös formuliert, wie die angeblichen Bedürfnisse alter Menschen.

Und wir wissen auch, wieso. Denn die Befriedigung dieser für uns formulierten Bedürfnisse ist ein riesiger Wirtschaftsfaktor.

Was aber ist mit uns selbst? Wissen wir selbst auch, was wir brauchen? Kennen wir unsere wahren und echten Bedürfnisse?

Spüren wir sie? Können wir sie formulieren? Und beschreiben?

Können wir uns frei machen von den Einstellungen, Gedankengängen und Perspektiven unseres Erwachsenenlebens?

Kriegen wir es hin, uns von unseren mentalen Modellen über uns selbst als alte Erwachsene zu lösen?

Kriegen wir es hin, uns selbst neu und frisch als gesellschaftliche Wesen, als alte Menschen in den Blick zu nehmen?

Können wir uns von den gängigen Deutungen, die man uns angedeihen lässt, befreien?

Können wir die goldenen Ketten der Bedürfnisbe-friedigungsindustrie abschütteln? Wollen wir es überhaupt?

Gemütlichkeit

Lasst uns nochmal zurückgehen in unsere Privatleben. Am besten ist, wir setzen uns nochmal hin. Vielleicht aufs Sofa.

Und wenn wir es bequem haben, dann schauen wir mal auf die Uhr, wie spät es ist. Ah! Schon zwölf!

Na dann wird es aber Zeit fürs Mittagessen! Mal sehn, was noch von gestern übrig ist.

Und nach dem Essen ein Schläfchen. Aber bloß nicht ins Bett! Wir legen nur die Beine hoch.

Und etwas später schauen wir wieder auf die Uhr. Ah! Schon halb vier!

Na dann wird es aber Zeit für ein Tässchen Kaffee und ein Stückchen Kuchen.

Und abends wieder: Ah! Schon halb sieben!

Na dann wird es aber Zeit fürs Abendessen. Und das jeden Tag. So haben viele von uns die Großeltern erlebt. Zuhause bei sich.

Oder wenn wir sie im Altenheim besucht haben. Oder die Eltern, die Tante, den Großonkel.

Für sie war Essen irgendwann nicht nur da, um den Hunger zu stillen und Nahrung zu bekommen, sondern Essen war zum Ereignis geworden.

Unterhaltung, die den Tag strukturiert und Abwechslung bringt. Mahlzeiten waren zu sozialen Events geworden.

Hunger war dabei weniger im Spiel. Denn bevor Hunger überhaupt spürbar wurde, war schon wieder Zeit fürs Essen.

Essenszeiten als Höhepunkte im Tagesablauf. Und abends um acht die Tagesschau. Ist das ein gemütliches Leben?

Ingrid. Sie ist so alt wie ich und lebt allein. Sie hat eine gute Rente und etwas Vermögen. Alles in allem genug, um es sich gemütlich zu machen.

Ingrid könnte bis an ihr Lebensende gemütliche Tage, Wochen und Jahre verbringen. Aber sie will nicht.

Sie verweigert sich der Gemütlichkeit. Sie wird geradezu aggressiv, wenn das Wort *gemütlich* nur ausgesprochen wird.

Scheiß Gemütlichkeit!, sagte sie letztens. *Meine Gemütlichkeit kommt mir zu den Ohren raus.*

Mir fällt vor lauter Gemütlichkeit die Decke auf den Kopf. Aber Ingrid weiß nicht wohin. Da ist niemand, der auf sie wartet.

Ingrid wird nicht mehr gebraucht. Ganz anders Elke. Ihre Rente reicht nicht zum Leben. Sie muss arbeiten und dazuverdienen.

Elke ist knapp über sechzig. Sie sehnt sich oft danach, es sich zuhause gemütlich zu machen. Nicht nur vorübergehend, sondern für immer.

Elke wird auf ihrer Arbeitsstelle gebraucht, dort wartet man auf sie, und alle sind froh, dass sie drei Mal die Woche kommt.

Ohne sie würde der Laden nicht so gut laufen wie mit ihr. Elke fühlt sich anerkannt und gebraucht. Sie genießt die Kontakte.

Und sie hofft, noch möglichst lange diese Arbeit machen zu können. Aber manchmal möchte sie lieber auf dem Sofa sitzen bleiben.

Ingrid und Elke kennen sich flüchtig. Sie bewegen sich in verschiedenen Kreisen. Ingrids Freundinnen sind alle finanziell gut aufgestellt.

Alle haben genug, um sich das eine oder andere leisten zu können, und sie leisten es sich auch.

Reisen. Restaurants. Theater. Konzerte. Massagen.

Und einige gehen auch zum Botoxen. Ingrid nicht. Sie hat Angst, es könne schief gehen.

Elke denkt nicht im Traum daran, auch nur einen Cent für etwas auszugeben, was nicht unbedingt nötig ist.

Aber wie sind wir jetzt vom gemütlichen Leben aufs Faltenwegspritzen gekommen?

Irgendwie verliert man vor lauter Gemütlichkeit schnell den roten Faden und denkt sich durch alle möglichen Assoziationen, …

… die einem im Kopf herumschwirren, und man kommt von Hölzchen aufs Stöckchen.

Gedanken vagabundieren gern in gemütlicher Atmosphäre durch diese und jene Angelegenheit. Sie streifen durch Inhalte, …

… für deren Strukturierung und Ordnung sich niemand zuständig fühlt.

Ist ja auch egal, was und wie wir denken, wenn wir alt sind und auf dem Sofa sitzen und sowieso niemand mehr etwas von uns will.

Und geordnete Gedanken schon gar nicht.

Dauergemütlichkeit hat so seine Tücken.

Ingrid findet, Gemütlichkeit sei gut für junge und mittelalte Leute, für Erwachsene im Erwerbsleben. Als Ausgleich zum Arbeitsleben.

Aber nach dem Ende des Arbeitslebens habe Gemütlichkeit ihren Sinn verloren und sei eher gefährlich als nützlich.

Dauergemütlichkeit könne sich *wie ein Schleier über alles* legen, sagt Ingrid.

Elke findet das Quatsch. Sie stellt es sich großartig vor, irgendwann nur noch gemütlich leben zu können, ohne arbeiten gehen zu müssen.

Ohne sich anziehen zu müssen. Im Hausmantel auf dem Sofa sitzen bleiben zu können, solange sie will, das wünscht sie sich.

Für Elke wäre Dauergemütlichkeit das Größte. Aber Ingrid meint: *Elke hat keine Ahnung.*

Sie kann einfach nicht wissen, wie langweilig auf Dauer gemütliches Leben ist. Und wie ätzend.

Und wie deprimierend es sein kann, sich morgens nicht anziehen zu müssen weil man nicht weiß wohin man sich aufmachen soll.

Elke denkt, dass das, was sie zum Regenerieren macht und was sie besonders schön findet …

… das sei das, was sie dann, wenn sie nicht mehr arbeiten gehen muss, nur noch machen wird.

Das habe sie auch gedacht, erzählt Ingrid, und sie habe zwei Jahre lang *Freizeit gemacht. Erholung bis zum Abwinken.*

Ein gemütliches Leben eben. Bis sie begriffen habe, dass sie sich überhaupt nicht mehr zu erholen braucht, weil sie längst erholt war.

Ingrid sagt, sie wäre fast unter dem Schleier der Dauergemütlichkeit erstickt.

Aber was heißt das denn jetzt? Ist Gemütlichkeit jetzt gut oder schlecht?

Oder geht es gar nicht um Gemütlichkeit, sondern um etwas ganz anderes? Um Glücklichsein vielleicht?

Fernsehen

Viele von uns wollen informiert sein und sich eine Meinung bilden. Vor allem, um mitreden zu können.

Wo aber reden wir mit? Wer hört uns zu? Wer ist an unserer Meinung überhaupt noch interessiert?

Bescheid wissen über Weltwirklichkeit in Kombination mit privatem Alltagsleben ist das beliebteste Lebensmuster im Alter, das wir kennen.

Da kann man vom Sofa aus Weltgeschehen bewerten und beurteilen und sich seine private, eigene Meinung bilden.

Die wir immer dann einsetzen, wenn wir wiedermal über Gott und die Welt reden. Und das tun wir am liebsten bei Kaffee und Kuchen.

Das Fernsehen liefert uns alles, was wir für eine Meinung zu Weltangelegenheiten brauchen. Unglaublich viel Information.

In vielen verschiedenen Formaten. Wir müssen nur so lange suchen, bis wir das Format gefunden haben, in dem wir uns heimisch fühlen.

In dem wir uns wohlfühlen und in dem unsere persönliche Befindlichkeit berücksichtigt wird.

Sei es nun eine Talkshow, eine Serie oder Dokumentarfilme über wilde Tiere, fremde Länder oder besondere Menschen.

Sei es die Tagesschau, die Heute Show oder irgendetwas über Politik oder Kultur oder Kunst, oder eine Comedy-Sendung.

Alles Fernsehformate, die gemacht werden, damit wir einschalten. Und wann schalten wir ein? Wenn wir einsam sind.

Wenn wir sonst nichts zu tun haben. Wenn wir unterhalten werden wollen. Wenn wir etwas lernen wollen.

Wenn wir bestimmte Menschen sehen wollen. Wenn wir mitraten wollen. Wenn wir mitfühlen wollen.

Meistens aber schalten wir den Fernseher ein, ohne einen bestimmten Grund zu haben. Er gehört einfach zu unserem Leben.

Für uns Alte ist Fernsehen das Tor zur Welt.

Die Fernsehmacher liefern uns täglich freihaus den Stoff, den wir brauchen, damit wir glauben, wir würden dazugehören.

Sie bedienen unser Bedürfnis nach Zugehörigkeit.

Da werden Formate entwickelt, die speziell auf uns Alte zugeschnitten sind, mit der Idee, uns Verlorengegangenes zu ersetzen.

Szenarien für Dabeisein. Für Mitfühlen. Für Mitdenken. Mitleben eben. Virtuell zwar, aber doch auch wirklich.

So können wir uns täglich Menschen ins Wohnzimmer holen, die wir kennen. Denn an der Haustür klingelt nur noch selten jemand.

Hin und wieder der Postbote, der Paketbote, die von der Caritas, um zu sammeln und manchmal auch eine Nachbarin.

Ansonsten kommen hin und wieder die Kinder, die Geschwister und andere Verwandte. Aber sonst?

Uns fehlen Menschen, die nicht zu unserer Familie gehören, zu denen wir aber ein Gefühl entwickeln können.

Menschen aus der Welt. Früher waren das die Kolleginnen und Kollegen am Arbeitsplatz. Fremde Menschen, die uns irgendwie nahe kamen.

Wir Alten brauchen Gefühlsverbindungen. Mehr als alles andere. Und viele von uns haben es auch gern emotional aufregend.

Und weil in unseren wirklichen Leben emotionale Aufregung selten geworden ist, suchen wir sie im Fernsehen.

Ganz ehrlich: Je älter ich werde, umso mehr weine und lache ich vor irgendeinem Bildschirm. Und damit liege ich voll im Trend.

Denn Sabine geht es ebenso. Und Anne auch. Bei Ulla ist es anders. Sie hat sich gerade neu verliebt.

Bei ihr sind Lachen und Weinen echt. Obwohl: Wenn ich vor dem Bildschirm lache und weine, ist das auch echt.

Der Unterschied ist, ich bin allein mit meinen Gefühlen. Ulla hat jetzt jemanden, der neben ihr auf dem Sofa sitzt.

Wobei: Wenn Ulla weint, weint sie auch allein. Oder mit ihren Freundinnen. Weil sie vom Mann wiedermal enttäuscht ist.

Ullas Gefühle sind natürlich in eine andere Wirklichkeit eingebettet als meine vor dem Fernseher.

Aber was hat das alles mit der öffentlichen und der privaten Welt zu tun? Und welche Rolle spielt dabei das Fernsehen?

Ist Fernsehen vielleicht die Schnittstelle zwischen der privaten und der öffentlichen Welt?

Jedenfalls bringt uns das Fernsehen die Welt ins Haus.

Wie wir das, was wir sehen und hören, dann entschlüsseln, ist eine andere Sache. Das ist persönlich und privat.

Ob wir viel oder wenig Gefühle investieren, ob wir mitdenken oder nicht, das alles bleibt uns überlassen.

Und wenn wir einsam sind, können wir uns mit Fernsehen trösten.

Jedenfalls bietet Fernsehen neben viel Information auch viele Möglichkeiten für Gefühle.

Weil wir uns mit den erzählten Geschichten identifizieren können. Denn alles, was wir sehen und hören, zeigt ja Leben.

Erfundenes Leben oder echtes als Dokumentation, aber immer wirklich, weil wir mitfühlen. Und sobald wir fühlen, fühlen wir uns lebendig.

Alles, was wir aus dem machen, was uns das Fernsehen ins Haus bringt, versinkt in unserer privaten Welt.

Und genau das ist die Fernsehfalle. Denn: Fernsehen verheißt uns Teilnahme an der Welt. Aber diese Teilnahme findet nicht statt.

Sie ist zwar irgendwie wirklich, aber sie ist nicht wahr.

Obwohl unsere Gefühle beim Fernsehen wirklich sind und unsere Gedanken auch, sitzen unsere Körper auf dem Sofa. Und das ist wahr.

Viel Fernsehen spaltet unsere Ganzheit. Denn unsere Körper sitzen unbeweglich zuhause im Sessel, ...

... und unser Fühlen und Denken ist in der Welt unterwegs. Das kann fatale Folgen haben.

Nicht nur für unsere Körper, die viel zu viel sitzen, sondern auch für unsere mentale und emotionale Welt, deren Wirklichkeit virtuell ist.

Anders gesagt: Unser Denken und Fühlen kann sozusagen im Verbund mit dem Fernsehen ein Eigenleben führen. Ohne unseren Körper.

Und das kann nach hinten losgehen. Denn je älter wir werden, umso weniger Kitt steht uns für derlei Abspaltungen zur Verfügung.

Das aber kümmert die Fernsehmacher natürlich nicht.

Ihr Job ist es, Formate zu produzieren, die uns beim Zuschauen das Gefühl vermitteln, lebendig zu sein.

Formate, die uns die Möglichkeit geben, uns zu identifizieren und die uns dazu verleiten, immer wieder einzuschalten.

Fernsehmacher brauchen Einschaltquoten. Zahlen. Denn Einschaltquoten bestimmen den Marktwert einer Sendung.

Und der Marktwert ist Geld und Macht.

In jedem Fall tut es uns Alten gut, wenn wir uns lebendig und zugehörig fühlen können.

Ob nun in der Fernsehwirklichkeit oder in der wirklichen Wirklichkeit.

Aber am allerliebsten sitzen wir mit anderen um einen Tisch und erzählen.

Und wenn wir dann von früher erzählen, dann kann es laut und auch lustig werden. Mit Anekdoten von früher können wir Stunden verbringen.

Aber: Um welche Wirklichkeit geht es dabei eigentlich? Geht es dabei um die Wirklichkeit von damals oder um unsere jetzige?

Oder geht es immer nur um unsere persönlichen Befindlichkeiten?

Altenbusiness

Unser angeschlagenes Selbstbewusstsein glaubt gern, es sei jetzt alt und deshalb schwach.

Und es glaubt auch gern, es sei besser, wenn andere sich um unsere Angelegenheiten kümmern. Jüngere. Oder Profis.

Diese Idee vom *Angewiesensein-auf-andere* geistert ab einem bestimmten Alter durch unsere Köpfe. Sie plustert sich irgendwie auf.

Und sie geistert auch durch die Köpfe derer, die sich beruflich mit uns beschäftigen. Und durch die Köpfe unserer Kinder.

Sie fühlen sich ab einem bestimmten Zeitpunkt für uns verantwortlich. Ja, es stimmt. Im Alter werden wir schwächer.

Wir kommen in Situationen, in denen wir auf andere angewiesen sind. So wie wir auch als Kinder auf andere angewiesen waren.

Da schließt sich der Kreis von Selbständigkeit und Autonomie und Selbstverwirklichung. Wir werden wieder hilfebedürftig.

Aber müssen wir deshalb unser Selbstbewusstsein aufgeben?

Und ist ein hilfebedürftiges Mitglied der Gesellschaft weniger wert als ein helfendes?

Wer ökonomisiert denkt, wird bei diesen Fragen sofort anfangen zu rechnen.

Die Rechnung geht so: Der produzierende Mensch erzeugt Mehrwert. Und der Hilfebedürftige verbraucht ihn.

Doch ökonomisiertes Denken geht noch weiter. Es macht Hilfebedürftigkeit sogar zu einem Markt. Es bringt einfach überall Geld ins Spiel.

Auf der einen Seite also die Bedürftigen. Das sind wir Alten. Und auf der anderen Seite die Helfenden. Das sind die anderen.

Also bieten wir Alten den anderen die Möglichkeit, mit unserer Bedürftigkeit Geld zu verdienen.

Und somit schaffen wir mit unserem Nichtmehrkönnen die Basis für einen blühenden Wirtschaftszweig.

Wir Alten produzieren sozusagen mit Bedürftigkeit und generieren mit Nichtmehrkönnen Arbeitsplätze.

Die Rolle, die dazu nötig ist, ist die Rolle des Opfers.

In diesem Markt wird unglaublich viel Geld bewegt. Und es wird immer mehr. Vor allem, weil wir Alten immer mehr werden.

Wie das Geld im Altenbusiness eingesetzt wird und wozu es genutzt wird, wer dabei reich wird, das ist eine andere Frage.

Wir Alten haben in diesem Wirtschaftszweig lediglich eine einzige Funktion. Nämlich die, mit unserer Bedürftigkeit vorhanden zu sein.

Und je nachdem in welche Situation wir geraten, wird der Grad unserer Bedürftigkeit nicht mehr von uns selbst bestimmt.

Sondern von anderen. Die zu uns kommen, uns messen, überprüfen, unsere Lage bewerten und beurteilen.

Und aufgrund ihrer Zahlenkolonnen entscheiden sie dann, wie sie uns einstufen. Und je nach Stufe, geht es dann für uns weiter.

Ganz egal, wie wir uns selbst fühlen, was wir selbst denken, wie wir uns selbst einschätzen, beurteilen und bewerten.

Spätestens an diesem Punkt wird uns dann klar, dass unser Privatleben, in dem wir uns nach der Verrentung niedergelassen haben …

… und in dem es vorrangig um unsere persönlichen Befindlichkeiten geht, in einer Sackgasse gelandet ist.

Wenn wir an diesem Punkt in unserem Leben angekommen sind, ist es nämlich egal, wie unsere Befindlichkeit ist und wie wir uns fühlen.

An diesem Punkt übernehmen andere das Ruder unseres Lebens.

Und spätestens dann bricht die Illusion des selbstbestimmten Privatlebens in Stücke.

Nur wer genug Geld hat und nicht auf fremdfinanzierte Hilfe angewiesen ist, der oder die kann bis zum letzten Atemzug …

… ohne Fremdbestimmung im privatisierten Lebensstatus bleiben und die eigene Befindlichkeit zum Maß aller Dinge machen.

Also ist Geld der Garant für den Grad unserer Selbstbestimmung. Zumindest solange wir uns keine anderen Strukturen schaffen.

Was aber könnten diese anderen Strukturen sein? Wie könnten sie aussehen? Woraus könnten sie sich zusammensetzen?

Fragen über Fragen. Und alles ist offen.

Von unserer Unsicherheit

Wenn wir Alten nicht aufpassen, dann kann uns die Verdammung ins Privatleben echt zum Verhängnis werden.

Erstens weil unser gesellschaftliches Abtauchen zur Folge hat, dass uns beim Wiederauftauchen nur noch die Opferrolle bleibt.

Die Rolle der Bedürftigen, die wir uns auf den Leib schneidern lassen. Und zwar von denen, die zu wissen glauben, was wir brauchen.

Und zweitens, weil die Gefahr groß ist, über so viele Jahre, die Alter heute dauern kann, unser gesellschaftliches Wesen zu vernachlässigen.

Derart, dass es eingeht wie eine Primel, die kein Wasser mehr bekommt.

Wenn wir die Abschiebung ins Privatleben akzeptieren und nicht hinterfragen, besteht die Gefahr, dass wir uns als Generation ...

... ganz und gar aus den Augen verlieren. Wie schon gesagt: Privatisieren ist immer auch Vereinzelung.

Jetzt könnte man fragen: Ja, was ist denn so schlimm daran?

Ob es schlimm ist, weiß ich nicht. Aber in jedem Fall hat es Wirkung und Folgen.

Die Folgen wären, dass wir den Machtfaktor in unserer Vereinzelung nicht wahrnehmen können.

Die Macht der Alten bliebe dann theoretisch. Sie würde sich nicht verwirklichen.

Wozu aber sollten wir Alten die Macht, die wir aufgrund von Masse haben können, überhaupt in Erwägung ziehen?

Was könnte es uns und der Welt bringen, wenn wir sie annähmen? Wenn wir sie ausüben würden?

Wozu könnten wir Alten unsere Macht denn nutzen? Wofür könnten wir sie einsetzen?

Vielleicht um die Welt zu einem besseren Ort zu machen? Um sie gerechter zu machen?

Um etwas für die nächste Generation alter Menschen vorzubereiten? Um Alter als eigene Lebensphase zu etablieren?

Um alles, was gebraucht wird und vorhanden ist, besser zu verteilen? Um Ruhe in die Schnelligkeit zu bringen?

Und wer weiß, was uns sonst noch einfällt, wie wir Macht nutzen können.

Wir könnten sie auch nutzen um zu zeigen, dass Macht nicht nur zur Profitsteigerung eingesetzt werden muss.

Oder zu persönlicher Profilierung.

Früher waren wir oft auf unseren eigenen Vorteil bedacht. Das müssen wir im Alter nicht mehr.

Wir Alten könnten mit Macht weiser umgehen.

Okay, das klingt, als ob alte Menschen zu besseren Menschen werden.

Und was wäre, wenn es tatsächlich so ist? Wenn wir beim Älterwerden echt zu besseren Menschen geworden sind?

Weil wir unsere Erfahrungen gemacht und sie auch ausgewertet haben?

Weil wir die Komplexität der Welt als alte Menschen besser durchschauen, als wir es früher als junge getan haben?

Also Leute! Was ist? Wollen wir Machtfaktor sein? Oder nur Kostenfaktor?

Nehmen wir die Macht an? Oder gehen wir shoppen?

Wobei: Macht im Alter … darauf sind wir doch gar nicht vorbereitet. Das konnten wir doch nicht ahnen.

Dass wir mal als Generation gesellschaftliche Macht haben würden. Nur weil wir alt sind.

Wäre es nicht eine gute Idee, wir Alten würden uns erstmal um Werte kümmern? Um unsere eigenen und auch um die gesellschaftlichen?

Und wie wäre es, wenn wir uns um unser Selbstbewusstsein kümmern würden?

Ich kann mich jedenfalls nicht erinnern, irgendwo mal etwas über das angeschlagene Selbstbewusstsein alter Menschen gelesen zu haben.

Ich weiß es nur von mir selbst und vom Erzählen mit Freundinnen.

Dass uns irgendwann zwischen sechzig und siebzig plötzlich unser Selbstbewusstsein abhanden kommt. Dass wir unsicher werden.

Als ob unsere Persönlichkeitsstruktur plötzlich Risse bekommt und zu bröckeln beginnt.

Das ist kein schönes Gefühl. Und darauf waren weder meine Freundinnen noch ich vorbereitet.

Wir waren auf arthritische Knieschmerzen, Augenlinsentrübungen und Hüftgelenksschmerzen vorbereitet.

Aber nicht auf ein angeschlagenes Selbstbewusstsein. Was ist da am Werk?

Wie kann es dazu kommen, dass wir anfangen, an uns zu zweifeln und uns nicht mehr sicher fühlen?

Als erstes denkt man natürlich, dass die Ursache in der Erfahrung liegt, dass wir dieses und jenes nicht mehr so gut können wie früher.

Aber so ist es nicht. Im Selbstbewusstsein knackt es schon vor diesen Erfahrungen.

Es ist eher umgekehrt. Es ist so, dass wir uns dieses und jenes ab einem bestimmten Alter nicht mehr zutrauen.

Und das kommt vom angeknacksten Selbstbewusstsein.

Und selbst wenn alles noch richtig gut läuft, kann es passieren, dass es in unserem Gefühl für uns selbst nicht mehr so läuft wie früher.

Und wenn wir spüren, dass sich etwas verändert und nicht mehr so ist wie früher, dann interpretieren wir es schnell als Verlust.

Einfach nur, weil wir ein bestimmtes Alter erreicht haben. Und nicht nur wir denken so. Alle denken so. Unsere gesamte Umgebung.

Und das hat Auswirkungen auf uns. Wir werden unsicher.

Die Frage ist, wie sollen wir mit dieser Unsicherheit umgehen?

Und weiter gefragt: Ist diese Unsicherheit eine persönliche und private Angelegenheit? Sollen wir damit zur Psychotherapeutin gehen?

Oder ist es ein allgemeines Phänomen? Eins, das uns als Generation betrifft? Geht es um kollektive Unsicherheit?

Geht es um einen Aspekt im Alternsprozess, der alle betrifft, die einen früher, die anderen später?

Und jetzt Vorsicht mit der Antwort!

Die Antwort, die wir an dieser Stelle geben, ist nämlich richtungsweisend.

Sie ist fundamental für unsere Selbstdefinition. Und für unsere Zukunftsperspektive.

Denn je nachdem wie wir antworten, gehen wir den privaten oder den öffentlichen Weg.

Und noch ein Frage: Wer könnte eigentlich ein Interesse an selbstbewussten Alten haben?

Schauen wir uns doch mal die Ratgeberindustrie an.

Ratgeberproduzenten gehen davon aus, dass Menschen eher kein Selbstbewusstsein haben. Dass man ihnen deshalb Ratschläge geben muss.

Und offensichtlich liegen sie mit ihrer Annahme genau richtig.

Denn Ratgeberbücher zum Thema *Alter* verkaufen sich wie warme Semmeln. Wieso ist das so?

Es ist klar: Wir Alten brauchen Orientierung. Und Ausrichtung. Und Impulse. Und Entscheidungshilfen.

Unser Lebenskompass funktioniert nach der Verrentung irgendwie nicht mehr so wie früher. Also müssen wir ihn neu justieren.

Norden ist zwar immer noch da, wo Norden immer gewesen ist. Aber wir müssen herausfinden, wohin wir überhaupt wollen.

Was nun unser Selbstbewusstsein angeht, so ist zu vermuten, dass außer uns selbst niemand ein Interesse daran hat.

Alle wollen zwar, dass es uns gut geht, aber ob dazu ein gesundes Selbstbewusstsein gehört, das ist den anderen egal.

Was heißt es eigentlich, selbstbewusst alt zu sein?

Heißt das nicht auch, dass wir aufhören so zu tun als wären wir nicht alt?

Heißt das nicht auch, dass wir aufhören immer wieder zu beteuern, wie jung wir uns fühlen?

Sondern versuchen, unserem wirklichen und echten Lebensgefühl auf die Spur zu kommen?

Dass wir uns selbst entdecken, uns ernst nehmen und uns selbst als alte Frau und alter Mann verstehen lernen?

Wir wollen nicht vergessen: Als nicht selbstbewusste, alte Menschen sind wir viel besser zu verwalten.

Wir sind auch als Masse viel besser zu kalkulieren, wenn wir kein Selbstbewusstsein haben. Weder individuell noch kollektiv.

Was also wollen wir? Schön brav sein? Damit man uns gut verwalten kann?

Oder wollen wir wir selbst sein? Unsicher und selbstbewusst und frei?

Vom Nichtwissen

Nichtwissen ist etwas anderes als nichts wissen.

Die meisten von uns können mit Nichtwissen nicht viel anfangen. Sie wissen lieber. Und erst recht im Alter.

Jedenfalls können wir Alten mit Wissen so richtig punkten.

Schließlich haben wir viel Lebenserfahrung und dabei kommt viel Wissen zustande. Ganz automatisch.

In Gesprächssituationen gibt es häufig so etwas wie den mehr oder weniger heimlichen Kampf ums Mehrwissen und ums Besserwissen.

Und dann das Rechthaben. Für Wisser und Wisserinnen ein wesentlicher Bestandteil ihres Kommunikationsverhaltens.

Nichtwisser jedoch interessieren sich nicht fürs Rechthaben.

Sie suchen mehr nach der Wahrheit. Und sie wissen, dass es viele Variationen davon gibt.

Für eingefleischte Wisser ist die Geisteshaltung des Nichtwissens unvorstellbar und oft auch unerträglich.

Wisser und Wisserinnen glauben lieber als Nichtwissen in Erwägung zu ziehen.

Übrigens: Wisser und Wisserinnen halten Fragen nicht lange aus. Sie brauchen Antworten, und möglichst schnell.

Auch wenn die Antworten mehr mit Glauben als mit Wissen zu tun haben, das ist Wissern egal.

Hauptsache Antwort. Und Frage weg.

Viele Wisser legen übrigens großen Wert darauf, als Wisser erkannt zu werden. Und Wisserinnen geht es genau so.

Sie bewerten Wissen auch grundsätzlich viel höher als Nichtwissen. Für sie sind Nichtwisser Menschen, die belehrt werden müssen.

Meist können sich Wisser gar nicht vorstellen, dass Nichtwissen eine Geisteshaltung sein kann, die Freude macht.

Ich finde übrigens, eine liebevolle Einstellung zum Nichtwissen kann für die Lebensqualität im Alter von großem Wert sein.

Aber sich im Nichtwissen wohl zu fühlen, ist in der Welt, in der wir leben, nicht üblich und auch nicht vorgesehen.

In unserer Welt ist immer und überall Wissen angesagt. Nichtwissen wird als Mangel gesehen, der möglichst schnell behoben werden soll.

Aber mal ehrlich. Was ist eigentlich so schlimm am Nichtwissen?

Und was passiert, wenn wir etwas nicht wissen, aber wissen wollen? Was tun wir dann?

Ganz klar: Wir suchen erst mal bei Google. Oder wir fragen Siri. Oder wir schlagen in Büchern nach. Oder wir fragen andere.

Und dann wissen wir. Damit können wir dann punkten. Oder auch nicht.

Wisser und Wisserinnen glauben auch zu wissen, was nach dem Tod passiert, wie es weitergeht, beziehungsweise, dass es nicht weitergeht.

Ich finde, wir können nicht wissen, ob etwas nach dem Tod passiert und ob und wie es möglicherweise weitergeht.

Deshalb übe ich mich im Nichtwissen.

Das Wissen vom Nichtwissen gehört für mich zum Schönsten im Leben. Denn es öffnet Lebensraum.

Nichtwissen gibt sozusagen allem Möglichen die Möglichkeit, geschehen zu können. Auch wenn wir gestorben sind.

Vom Tod

Der Tod. Jetzt ist er definitiv im Text angekommen. Das hat lange gedauert.

Es war allerdings von Anfang an klar, dass in einem Text zum Alter auch der Tod vorkommen muss.

Nur nehmen wir ihn ungern in den Blick. Wir weichen ihm gerne aus.

Wahrscheinlich wäre es einfach gut, wir würden ihn nicht länger verdrängen.

Vielleicht kann er ja ab jetzt mitschwingen. Denn es nützt nichts, wenn wir wegschauen. Er ist da.

Und vielleicht lernen wir, den Schrecken, den er uns verursacht, allmählich aufzulösen. In Staunen. Oder Verwunderung.

Oder in Liebe. Warum eigentlich nicht?

Vielleicht ist ja ein Aspekt von erfolgreichem Altern der, uns unserem eigenen Tod allmählich anzunähern. Bewusst, meine ich.

Nicht vor ihm davonzulaufen, Angst vor ihm zu haben und am liebsten verschwinden zu wollen.

Damit er uns nicht findet. Denn der Tod kommt näher. In jedem Fall. Für uns alle.

Also könnten wir uns auch fragen, ob es nicht sinnvoll ist, von unserer Seite auf ihn zuzugehen.

Nicht um früher zu sterben. Sondern um nicht in die Opferrolle zu geraten. Um dieser Rolle einfach keine Chance zu geben.

Ich glaube, der Tod ist unsere allergrößte Herausforderung.

Seiner Macht sind wir ausgeliefert. Alle. Also wäre es doch eine gute Idee, wir würden eine Beziehung zu ihm aufbauen.

Zu unserem eigenen, meine ich. Vielleicht sollten wir ihn kennenlernen wollen.

Mich würde zum Beispiel interessieren, nach welchen Kriterien er arbeitet.

Ob sein Vorgehen etwas mit meiner Art zu leben zu tun hat. Ob ich etwas tun kann, um ihn bei seiner Aufgabe zu unterstützen.

Mich würde auch interessieren, ob er verhandlungsbereit ist. Und wenn ja, welche Konditionen er hat.

Aber diese Idee wollen wir hier nicht weiter verfolgen. Das haben schon andere literarisch bestens erarbeitet und uns hinterlassen.

Jedenfalls ist der Tod nicht käuflich. An ihm scheitert unser ökonomisiertes Denken definitiv.

Ich würde sagen, dass die Art der Beziehung, die wir zu unserem Tod haben, bestimmt, ob unser Tod ein Mörder oder ein Begleiter sein wird.

Ob er unser Feind oder unser Freund sein wird.

Dem Tod ist es natürlich egal, ob wir ihn als Freund oder als Feind sehen. Er macht sowieso nur das, was er machen muss.

Er erfüllt seine Funktion. Aber uns sollte es nicht egal sein, wie die Angelegenheit vonstatten gehen wird. Ich meine das Sterben.

Ob es im Frieden oder im Kampf passieren wird. Ich möchte jedenfalls friedlich sterben. Ob zuhause oder nicht, das ist mir egal.

Wenn ich andere frage, so antworten viele, sie würden am liebsten zuhause sterben.

Übrigens würden die meisten am liebsten plötzlich umfallen und tot sein. Nur ganz wenige wollen sterben.

Ist interessant, oder?

Aber wir sind frei. Wir können uns so oder so oder gar nicht auf den Tod beziehen. Und auch aufs Sterben.

Viele beziehen sich auf ihren Tod wie auf einen Täter, der Macht hat und diese Macht gegen sie verwenden wird.

Und damit bereiten sie das Drama ihres eigenen Sterbens vor, indem sie die Opferrolle und der Tod die Täterrolle spielen wird.

Kann man machen. Muss man aber nicht. Überhaupt: Warum sollte Sterben ein Drama sein?

Über den Tod denken wir anders, wenn wir jung sind und das Leben noch vor uns liegt.

Je älter wir werden, umso mehr verändern sich unsere Gedanken zum Sterben und zum Tod.

Mir hat mal ein alter, sterbender Mann gesagt, das schwerste sei, seine geliebte Frau zurückzulassen. Er machte sich Sorgen. Nicht um sich.

Aber als sie ihm dann gesagt hatte, dass er sich nicht mehr um sie sorgen müsse, ist er innerhalb weniger Stunden friedlich eingeschlafen.

Sie hat dann noch zehn Jahre gut gelebt.

Gedanken an den Tod bringen immer eine Tendenz zum Schweigen mit sich. Irgendwie ziehen sich die Worte zurück …

… aber die Fragen bleiben. Zum Beispiel die Frage, wie motivieren wir uns, zu leben, wenn wir wissen, dass der Tod näher kommt?

Woher kommt unsere Lebenskraft, wenn wir älter und älter werden?

Wenn der Tod die einzige Zukunftsvision ist? Die einzige, die mit hundertprozentiger Sicherheit wahr werden wird?

Irgendwie ist es irgendwann wahrscheinlich auch beruhigend, sicher wissen zu können, dass es eines Tages passieren wird.

Ein Freund hat mal gesagt: *Ich glaube, unser Körper hilft uns beim Sterben.* Mittlerweile glaube ich das auch.

Und dann? Niemand weiß, was dann passiert.

Und dieses Nichtwissen auszuhalten, ist schwierig.

Und da es so schwierig ist, greifen viele zu einem Trick. Und dieser Trick ist Glaube.

Viele Menschen brauchen es, an ein Leben nach dem Tod zu glauben.

Denn das beruhigt nicht nur, sondern es hilft auch zu leben.

Zu glauben, dass man noch etwas erleben wird, selbst dann noch, wenn man längst zur Leiche geworden ist. Das klingt super.

Wenn ich aber weiß, dass ich nicht weiß und nicht wissen kann, was danach sein wird, dann klingt das eher kompliziert.

Nichtwissen ist schwer auszuhalten. Da glauben viele lieber.

Und wer glaubt, glaubt auch oft zu wissen. Aber das haben wir ja schon gesagt.

In jedem Fall haben viele Angst vor dem Übergang. Also vor dem Sterben.

Wenn ich mich umschaue, dann stelle ich fest, dass die Angst vor dem Sterben mit zunehmendem Alter abnimmt.

Es kann also durchaus sein, dass manche von uns so alt werden, dass sie die Angst vor dem Sterben einfach überleben.

Veränderung und Entwicklung

Die Allermeisten von uns wollen so lange wie möglich fit sein und ihr Leben selbstbestimmt leben.

Selbstbestimmt ist übrigens das Wort, das am häufigsten genannt wird, wenn alte Menschen gefragt werden, was ihnen wichtig sei.

Selbstbestimmt leben, solange wie möglich. Das würde jeder alte Mensch sofort unterschreiben. Aber was bedeutet selbstbestimmt?

Heißt es, dass wir niemanden fragen müssen? Dass uns niemand reinredet? Dass wir autonom sind? Unabhängig? Frei?

Und heißt selbstbestimmt nicht auch, dass wir bereit sind, die volle Verantwortung für unsere Lebenssituation zu tragen?

Wie war das früher, als wir jünger waren, haben wir da auch die volle Verantwortung für unsere Lebenssituation getragen?

Oder haben wir doch lieber andere verantwortlich gemacht? Unsere Eltern, zum Beispiel?

Oder unsere Chefin, unseren Vermieter, unsere Nachbarn, unsere Kinder oder unsere Partner?

Wer von uns früher gern Verantwortung abgegeben hat, wird dies auch im Alter tun.

Und fühlen wir uns nicht doch manchmal überfordert mit all der Freiheit und Autonomie?

Mit all dem Selbstbestimmten. Wäre es nicht manchmal schön, jemand würde dieses oder jenes für uns bestimmen?

Würden wir uns nicht manchmal gern nach jemand anderem richten? Würden wir nicht manchmal gern die Selbstbestimmung ein wenig aufgeben?

Denn die Verantwortung, die mit ihr verbunden ist, kann ganz schön schwer sein.

Was ist eigentlich mit unserer Sehnsucht? Sehnen wir uns überhaupt noch? Und wenn ja, wonach?

Sabine sagt, ihre Sehnsucht habe sich früher immer auf Männer gerichtet. Das sei heute anders. Heute sehne sie sich nach Liebe.

Ulla sagt, sie sehne sich ständig nach ihrem neuen Freund. Der wohnt nämlich in einem anderen Land. Und sie sehen sich selten.

Anne sagt, seit einigen Jahren sehne sie sich nach Natur. Und in letzter Zeit immer mehr nach Gemeinschaft mit anderen Menschen.

Sabine fügt noch hinzu, dass sie sich nach ihren Enkelkindern sehnt. Die sieht sie viel zu selten.

Und Elke sehnt sich nach Gemütlichkeit. Aber zurück zur Selbstbestimmtheit.

Und zu der Frage: Wie selbstbestimmt können wir leben, wenn wir uns entscheiden, uns um die Welt zu kümmern? Um andere?

Wie geht Selbstbestimmung, wenn wir uns in den Dienst einer Aufgabe stellen? Hört sie da nicht auf?

Bestimmt dann nicht die Sachlage alles? Sind da nicht Faktoren am Werk auf die wir reagieren müssen?

Sind Weltangelegenheiten nicht stärker und größer als jede Selbstbestimmung? Und:

Müssen wir uns nicht die Frage stellen, ob wir bereit sind, unsere Selbstbestimmung für eine größere Angelegenheit aufzugeben?

Wenn vielleicht auch nicht für immer, dann für einen bestimmten Zeitraum?

Für die Dauer eines Projekts? Für die Umsetzung einer Idee? Für ein Ziel, das über unser Privatleben hinausgeht?

Für eine Idee? Aber welche Idee könnte das sein? Und was ist mit Entwicklung?

Wollen wir uns im Alter überhaupt noch entwickeln? Wollen wir uns noch selbstverwirklichen? Wollen wir noch etwas werden?

Oder anders gefragt: Wollen wir vielleicht endlich so sein wie wir sind? Wollen wir wissen und verstehen, wer wir wirklich sind?

Wollen wir auch verstehen, im Nachhinein, wieso wir damals das eine und andere getan und dieses und jenes nicht getan haben?

Wollen wir unsere Biografie begreifen? Wenn wir das wollen, müssen wir Licht ins Dunkel unseres Lebensprozesses bringen.

Und uns all den Fragen stellen, die auftauchen.

Denn ohne alle diese Fragen, haben die Veränderungen in unserem Leben nur stattgefunden.

Und ohne alle diese Fragen finden auch die Veränderungen im Alter einfach nur statt.

Klar, irgendwie gehen wir mit diesen Veränderungen um. Aber wenn wir ohne Bewusstheit mit ihnen umgehen, reagieren wir nur.

Wir passen uns an. Wir geben nach. Viele geben irgendwann auch auf. Oder sie kämpfen und sind dagegen.

Und was ist mit Wahrheit? Die Wahrheit unserer Generation kann eine ganz andere sein als die der vorherigen.

Wir sind anders alt, als unsere Eltern alt waren. Die Welt ist anders, als sie früher war.

Das derzeitige Ungleichgewicht mancher Weltangelegenheiten braucht eine Korrektur. Wer kümmert sich darum? Wir Alten hätten Zeit.

Und wir haben Kompetenzen. Wenn wir die zusammentun, dann könnten wir einiges stemmen.

Früher hat man immer gedacht, ab einem gewissen Alter würde alles stagnieren. Auch viele von uns haben das geglaubt.

Alte Menschen wären starrsinnig und würden sich nicht mehr verändern.

Und glauben wir nicht immer noch, Alter bedeute, dass alles immer weniger wird und wir nur noch verlieren?

Wie also soll Entwicklung stattfinden, wenn alles immer weniger wird? Und wir die Loser vom Dienst sind?

Und was heißt schon Entwicklung? Geht es im Alter nicht eher um Abwicklung?

Vielleicht können wir uns aber auch entscheiden. Wollen wir uns entwickeln oder wollen wir uns abwickeln?

Kann es nicht auch so sein, dass eine gewisse Art des Abwickelns durchaus Entwicklung bedeuten kann?

Und warum sollten wir überhaupt weiterhin glauben, was man uns immer vom Alter erzählt hat?

Wo wir doch jetzt, wo wir selbst alt sind, merken, dass alles ganz anders ist?

Und überhaupt: Alles verändert sich. Ständig. Leben ist permanente Veränderung. Und Altern auch.

Umso erstaunlicher, wenn man als alter Mensch zu hören bekommt, man habe sich überhaupt nicht verändert.

Aber worin besteht eigentlich der Unterschied zwischen Veränderung und Entwicklung?

Ist Entwicklung nicht automatisch auch Veränderung?

Veränderung ist, wenn etwas nicht so bleibt, wie es war.

Veränderung geschieht ständig und überall. Leben ohne Veränderung ist gar nicht möglich.

Aber Veränderung heißt nicht, dass auch automatisch Entwicklung stattfindet. Oder?

Ist Entwicklung nicht immer ein Prozess?

Veränderung kann auch ein Prozess sein. Muss aber nicht.

Prozesse brauchen Zeit.

Der Prozess von Entwicklung braucht außerdem Bewusstheit.

Und Veränderungen? Sie brauchen keine Bewusstheit. Sie finden einfach statt.

Alter, zum Beispiel, findet statt, sogar gegen unseren Willen.

Aber ob der Altersprozess lediglich ein Veränderungsprozess ist, …

… oder ob er als Entwicklungsprozess erlebt und gelebt wird, das bestimmt jeder Mensch für sich selbst.

Niemand kann einen alternden Menschen zwingen, sich zu entwickeln.

Aber was das Verändern angeht, da werden wir nicht gefragt. Veränderungen im Alter sind ein Zwang, dem wir alle unterliegen.

Die Frage ist, wie wir damit umgehen und wie wir diesem Zwang begegnen. Wie wir uns auf ihn beziehen. Wie wir ihn deuten.

Welche Idee wir dazu haben, dass wir einem Zwang unterliegen, dem wir nicht entkommen können.

Wie wir damit umgehen, frei zu sein und gleichzeitig gezwungen zu sein, Veränderungen hinzunehmen, die wir nicht gewollt haben.

Und für die wir uns nicht entschieden haben.

Vielleicht hält sich in diesem Spannungsfeld die Essenz für gelingendes Altern versteckt.

Und es könnte auch sein, dass Gelingen im Alter damit zu tun hat, diese beiden sich offensichtlich im Weg stehenden …

… und vordergründig widersprüchlichen Aspekte miteinander in Einklang zu bringen. Einerseits die Freiheit und andererseits den Zwang.

Altersveränderungen können eine Chance sein.

Damit wir lernen, wie wir einerseits mit Zwang und andererseits mit Freiheit nicht nur umgehen, …

… sondern diese beiden Pole miteinander in Schwingung bringen können.

Wie wir ihre Widersprüchlichkeit nicht als Kampf, sondern als Weisheitspotential annehmen und leben lernen.

Und vielleicht ist es mit dem Tod genauso.

Er zwingt uns, dieses Dasein zu beenden. Aber er befreit uns auch von ihm.

Nochmal zurück zur Entwicklung. Wer will sich eigentlich noch entwickeln, wissend, dass das Lebensende immer näher kommt?

Wozu soll Entwicklung gut sein, wenn dieses Leben bald aufhört? Oder mal in die andere Richtung gedacht:

Wieso soll persönliche Entwicklung nicht auch dann noch sinnvoll sein, wenn das Ende dieses Daseins in Sicht ist?

Was spricht dagegen, sich bis zum allerletzten Gedanken und bis zum allerletzten Atemzug entwickeln zu wollen?

Wo das alles, also das Sterben, doch ein unglaublicher Veränderungsprozess sein wird.

Und wir diesen Prozess doch zum ersten Mal erleben. Und nur ein einziges Mal.

Also auch nur ein einziges Mal die Chance haben, ihn bewusst zu erfahren. Und auch die Chance, uns durch ihn entwickeln zu können.

Okay, wenn wir tot sind, können wir nicht mehr davon erzählen.

Was ist eigentlich mit Liebe?

Mit Nächstenliebe zum Beispiel.

Für viele von uns ist es wichtig, sich ehrenamtlich zu engagieren. Die Gründe dafür sind vielfältig.

Manche sagen, sie wollen etwas zurückgeben. Andere sagen, sie wollen etwas weitergeben. In jedem Fall wollen sie geben.

Dennoch sagen die meisten, sie würden etwas bekommen.

Wer meint, etwas weitergeben zu wollen, geht davon aus, etwas zu haben, was andere brauchen können.

Oft ist die Idee des Weitergebens auch mit der Idee verknüpft, Alte geben etwas an Junge weiter.

Ihre Erfahrungen, ihr Wissen, ihre Fähigkeiten.

Dahinter steckt die Annahme, Alte wüssten mehr als Junge und hätten Fähigkeiten, die Junge nicht haben.

Unbestritten ist, dass wir Alten mehr Lebenserfahrung haben. Aber sonst?

Ist unser Wissen in dieser schnelllebigen Zeit nicht auch schnell überholt?

Und sind unsere Fähigkeiten nicht schnell veraltet? Was also sollen wir Alten heutzutage an Junge weitergeben?

Hat das Internet nicht längst alles ersetzt, was in früheren Zeiten von Generation zu Generation weitergegeben wurde?

Und braucht es zum gelingenden Weitergeben nicht die erklärte Absicht der Jungen, das, was die Alten erzählen, auch hören zu wollen?

Aber es ging ja ums Ehrenamt. Eine weitere Motivation ist, dass viele Alte etwas Gutes tun wollen.

Sie wollen helfen. Weil es ihnen selbst gut geht und weil sie andere Menschen an ihrem Wohlergehen teilhaben lassen wollen.

Andere wiederum wollen vor allem eins: runter vom Sofa, raus in die Welt. Weil ihnen zuhause die Decke auf den Kopf fällt.

Sie suchen Kontakt. Und viele suchen eine Aufgabe. Nur Gutgehenlassen reicht ihnen nicht und macht sie nicht zufrieden.

Viele von uns Alten suchen nach Lebenssinn und nach Aufgaben, wo wir das, was wir können, sinnvoll einbringen können.

Wo aber finden wir Tätigkeitsfelder? Wohin können wir gehen, wenn wir uns engagieren wollen?

Wir gehen dorthin, wo wir tätig sein können, ohne bezahlt werden zu wollen. Andere Stellen stehen uns nämlich nicht mehr offen.

Tätigkeit für Geld ist für Alte nicht vorgesehen. Ehrenamt ist sozusagen das Label, unter dem Institutionen private Menschen einstellen.

Und unter dem sich private Menschen gesellschaftlich engagieren. Immer ohne Bezahlung.

Ehrenamt wird nicht als Arbeit definiert, obwohl es Arbeit ist.

Und oft werden Ehrenamtler und Ehrenamtlerinnen für die Arbeit, die sie tun, auch ausgebildet.

In Kursen, die speziell für sie konzipiert werden. *Ehrenamt* ist ein altes Wort.

Neuerdings sagt man eher *Freiwilliges* oder *Bürgerschaftliches Engagement*.

Menschen, die freiwillig und ohne Bezahlung eine Arbeit verrichten, erhalten viel Anerkennung.

Zum Beispiel erwähnt der Bundespräsident sie regelmäßig in seiner Weihnachtsansprache.

Und oft werden Ehrenamtler und Ehreamtlerinnen mit Blumensträußen und Dankesreden geehrt.

Im ökonomisierten Denkmuster wird ehrenamtliche Tätigkeit als Win-Win-Situation deklariert. Obwohl, oder weil, kein Geld im Spiel ist.

Aber wer gewinnt? Die Argumentation geht so: Die Alten gewinnen, weil sie eine Aufgabe haben und beschäftigt sind und Gutes tun können.

Was sie zufrieden macht und ihnen Anerkennung bringt, sie fit hält und ihnen das Gefühl gibt, dass sie gebraucht werden.

Und die Institutionen gewinnen auch. Sie können Angebote machen, die so nicht möglich wären, wenn sie dafür Löhne zahlen müssten.

Und dann gewinnen diejenigen, bei denen die Arbeit der Freiwilligen tatsächlich ankommt.

Eigentlich sind sie die wirklichen Gewinner ehrenamtlicher Tätigkeit, denn sie kommen in den direkten Genuss von Hilfe und Unterstützung.

Man könnte sagen, dass der eigentliche Wert ehrenamtlicher Tätigkeit darin liegt, dass sie unbezahlbar ist.

Und dass kein Geld der Welt Arbeit bezahlen kann, die freiwillig getan wird, weil ihr Wert diese Freiwilligkeit ist.

Für ökonomisiertes Denken ist dieser Gedanke fast nicht auszuhalten, denn Geld-Denken denkt, dass alles auf der Welt einen Preis hat.

Und es denkt auch, dass das, was nichts kostet, nichts wert ist.

Menschen nach dem Erwerbsleben haben ja viel Zeit und sind fürs Ehrenamt wie geschaffen, so denken viele.

Sie brauchen keine Löhne mehr, sie haben ja die Rente oder die Pension. Was aber ist mit denen von uns, die nicht genug Rente bekommen?

Was ist mit denen, die sich ehrenamtliches Arbeiten gar nicht leisten können? Sie werden immer mehr.

Viele von uns Alten müssen dazuverdienen. Sie brauchen Lohn für das, was sie tun. Wo aber finden Alte Arbeit gegen Bezahlung?

Aber nochmal zurück zum Ehrenamt: Wenn also kein Geld im Spiel ist, was ist es dann, was so zufrieden macht?

Geht es vielleicht um Anerkennung? Um Lebenssinn? Oder geht es um Gefühle?

Mal ehrlich, ist es nicht ein zutiefst menschliches Bedürfnis, anderen Zuwendung zu geben und Mitgefühl?

Vielleicht können gerade deshalb Gefühle erst dann lebendig und wichtig werden, wenn kein Geld im Spiel ist.

In unserer ökonomisierten Welt, die immer Profit und Effizienz im Blick hat, werden Gefühle oft aus dem Blick verloren.

Ökonomisiertes Denken bringt nämlich ganz automatisch alles auf Linie. Und diese Linien bestehen aus Zahlen, Fakten und Summen.

Was aber ist mit Liebe? Und hier ist nicht die romantische Liebe gemeint.

Das Wort *Liebe* kommt in Meetings, Schaltkonferenzen und an Runden Tischen eher nicht vor.

Es ist allgemeiner Konsens, dass Liebe in geschäftlichen Belangen nichts zu suchen hat. Liebe soll etwas Privates sein und bleiben.

Warum eigentlich? Warum soll Liebe ein privates Gefühl sein? Wer hat das beschlossen? Und wieso halten sich alle daran?

Vom Fühlen und Mitfühlen

Die Sache mit den Gefühlen. Wobei: Können Gefühle eine Sache sein?

Gefühle sind Gefühle sind Gefühle. Daran besteht kein Zweifel.

Und daran ändert auch kein Gedanke etwas. Obwohl:

Es gibt die Theorie, dass jeder Gedanke immer an ein Gefühl gekoppelt ist.

Ich habe auch schon gelesen, dass nachgewiesen worden sei, dass alles, was wir denken immer von Gefühlen begleitet wird.

Dass Denken ohne Fühlen gar nicht möglich sei. So wie Fühlen ohne Denken auch nicht.

Wenn das so ist, dann stellt sich doch die Frage, wie Denken und Fühlen in Beziehung zueinander stehen. Wie das überhaupt abläuft.

Und wie sie sich vertragen. Ob ihre Beziehung harmonisch ist oder ob sie sich streiten.

Wie oft gehen wir davon aus, dass unser Kopf etwas anderes will als unser Bauch?

Wie oft erleben wir uns selbst im Streit zwischen Gefühlen und Gedanken?

Wir denken sogar, dass unser Fühlen unser Denken behindern könne und umgekehrt.

Wieso sind wir so sehr davon überzeugt, beides zu gleichen Teilen sei irgendwie nicht möglich?

Unsere Generation hatte es jedenfalls nicht leicht mit dem Fühlen.

Wir haben gelernt, dass Gefühle im öffentlichen Leben nichts zu suchen haben. Unsere Gefühlswelt sollte privat sein. Unbedingt.

Und das Private sollte immer schön getrennt werden vom Beruflichen.

Also haben wir unsere Gefühle so gut wir konnten aus dem Beruflichen rausgehalten. Und wir haben geglaubt, das müsse so sein.

Aber muss es wirklich so sein?

Und geben wir uns selbst eigentlich die Möglichkeit, zu fühlen, was wir tatsächlich fühlen?

Und wenn ja, drücken wir unsere Gefühle dann auch aus? Oder fühlen wir eher heimlich?

Seien wir ehrlich, Gefühle zu spüren und sie auszudrücken ist nicht unsere Stärke.

Wir reden zwar gern über Gefühle, zumindest wir Frauen, aber über Gefühle reden ist nicht dasselbe wie Gefühle spüren.

Gefühle einfach auszudrücken, sie leben zu lassen, ohne sie in Interpretationen zu verpacken, fällt uns schwer.

Wir bedenken Gefühle gern mit Gedanken. Auch weil wir viel besser darin sind, Gedanken zu formulieren als Gefühle.

Wir haben gelernt, Sprache als Ausdrucksmittel zu nutzen für das, was wir denken und nicht für das, was wir fühlen.

Sprache, die Gefühle ausdrückt, überlassen wir lieber Liedermachern und Dichterinnen.

Fest steht jedenfalls, dass jeder Mensch immer und überall fühlt. Ob alt oder jung.

Ob wir die Gefühle, die wir fühlen, allerdings selbst spüren, das ist eine andere Frage. Oft spüren wir sie nämlich gar nicht.

Sie sind da, aber wir bemerken sie nicht. Und das hat seinen Grund. Denn es gibt Gefühle, die wir nicht mögen.

Die uns erschrecken und uns Angst machen. Oder es gibt Gefühle, die uns peinlich sind und für die wir uns schämen.

Gefühle, denen wir uns nicht gewachsen fühlen und die wir in gar keinem Fall fühlen wollen.

Und wenn wir diese Art von Gefühlen in uns haben, dann tun wir alles, um sie nicht fühlen zu müssen. Da sind wir extrem einfallsreich.

Viel Essen und viel Trinken zum Beispiel, kann helfen, nicht fühlen zu müssen.

Drogen und Medikamente können auch helfen, nicht fühlen zu müssen.

Oder ständig aktiv sein, viel kaufen, alles was mit Konsum zu tun hat, kann helfen, Gefühle nicht fühlen zu müssen.

Paradox daran ist allerdings, dass wir oft etwas kaufen, um uns gut zu fühlen. Und wenn wir uns gut fühlen, was dann?

Und wie gehen wir mit den sogenannten *positiven* und den sogenannten *negativen* Gefühlen um?

Und darüber hinaus: Selbst wenn wir Gefühle fühlen, heißt das ja noch lange nicht, dass wir sie auch zeigen.

Und selbst wenn wir sie zeigen, heißt das noch lange nicht, dass wir sie ehrlich zeigen. Oft bringen wir sie auch verquer rüber.

Gefühle zu zeigen ist jedenfalls immer ein Risiko. Denn wir wissen nie, wie sie ankommen und ob sie so ankommen, wie wir es uns wünschen.

Und wir wissen auch nicht, ob sie beantwortet werden.

Wer sich traut, die eigenen Gefühle zu zeigen, kann davon ausgehen, dass sie manchmal nicht verstanden werden.

Aber fragen wir uns selbst: Gelingt es uns, die Gefühle anderer zu verstehen?

Und was heißt schon Gefühle von anderen verstehen? Heißt das nicht, dass wir mitfühlen?

Mitfühlen verbindet. Daran besteht kein Zweifel. Wahrscheinlich mehr als alles andere.

Wer also Gefühle anderer verstehen will, muss bereit sein, sich zu verbinden. Das aber ist leichter gesagt als getan.

Denn Verbundenheit mit anderen ist eine komplexe Angelegenheit, und jede und jeder von uns erlebt Verbundenheit anders.

Es geht dabei um Nähe und Distanz. Und um Abgrenzung, um Öffnung, um Vertrauen und auch um Misstrauen.

Mitfühlen findet in vielen verschiedenen Variationen statt. Aber ob es überhaupt stattfindet, das entscheiden wir selbst.

Wir können Mitfühlen üben und kultivieren. Das Training kostet kein Geld. Wir müssen es nur wollen und bereit sein, uns zu verbinden.

Und auch wenn es anfangs schwer fällt, mit der Zeit geht es immer besser und leichter.

So ist es auch mit Wohlwollen. Und: Mitfühlen lindert Einsamkeit. Auch die eigene.

Und Wohlwollen bringt Freude. Nicht nur denen, denen wir Wohlwollen entgegenbringen, sondern auch uns selbst.

Wir Alten könnten, wenn wir wollten, eine Gefühlskultur entwickeln, wie sie die Welt noch nicht kennt.

Allerdings müssten wir bereit sein, dafür zu üben. Und wir könnten es gemeinsam tun.

Wir könnten es wagen und uns für eine neue Gefühlskultur entscheiden. Jedenfalls haben wir die besten Voraussetzungen dafür.

Wir haben Zeit. Und Erfahrung. Und was soll uns schon passieren, wenn wir uns mehr als je zuvor dem Fühlen widmen?

Und dabei würden wir unter anderem auch lernen, unseren eigenen Gefühlen nahe zu kommen und ihnen zu vertrauen.

Wir könnten ein Gefühls-Selbstbewusstsein entwickeln. Aber:

Das muss uns klar sein, wenn wir uns in unsere Gefühlswelt begeben, werden wir mit Gefühlen konfrontiert werden, die wir verdrängt haben.

Für viele von uns wird es nicht einfach sein, sich mit über sechzig, siebzig oder achtzig mit dem eigenen Fühlen zu befassen.

Dabei können Gefühle hochkommen, deren Ursachen vielleicht viele Jahre zurückliegen. Ganz alte Geschichten von vor vielen Jahren.

Ereignisse und Begegnungen, die wir vergessen hatten. Oder verdrängt. Die aber gefühlsmäßig in uns abgespeichert sind.

Man hat übrigens festgestellt, dass unsere Erinnerungen an Gefühle gekoppelt sind. Je stärker das Gefühl, umso stärker die Erinnerung.

Und noch etwas:

Kann es sein, dass alle Gefühle, die wir im Lauf unseres Lebens nicht ganz zu Ende gefühlt haben, irgendwie in uns abgespeichert sind?

Und im Alter wieder auftauchen können?

Gefühle, die wir verleugnet haben, die wir verdrängt haben, die wir im jeweiligen Moment nicht fühlen wollten?

Und wenn wir uns mal in aller Ruhe die Dynamik des Lebens anschauen, hat es dann nicht eine gewisse Logik, dass das, …

… was unerledigt in uns liegt, irgendwann nochmal auflebt? Zumindest dann, wenn unser Widerstand nachlässt …

… wenn wir weniger Kraft haben, um die Verdrängung aufrecht zu erhalten? Denn Verdrängtes ist ja nicht weg.

Und oft waren es Gefühle, die wir verdrängt haben. Weil wir keine Zeit für sie hatten. Weil wir sie gefürchtet haben.

Weil wir glaubten, sie hätten an dieser bestimmten Stelle in unserem Leben nichts zu suchen.

Wir dachten auch oft, dieses oder jenes Gefühl sei falsch. Aber heute, im Alter, da können wir uns doch fragen, …

… ob es das überhaupt geben kann, ein falsches Gefühl. Ist nicht jedes Gefühl richtig, nur weil es so ist, wie es ist?

Obwohl: Wir können Gefühle mögen und wir können sie auch nicht mögen. Ein Gefühl kann uns gefallen oder nicht.

Aber sind es nicht immer unsere persönlichen Befindlichkeiten, die uns veranlassen, Gefühle zu mögen oder nicht?

Apropos persönliche Befindlichkeiten und zur Erinnerung: Befindlichkeiten tun so, als ob sie etwas mit Fühlen zu tun hätten.

Dabei geben Befindlichkeiten lediglich vor, genau zu wissen, wie wir uns fühlen sollten, wenn dieses oder jenes passiert.

Mit ihren Ideen vom Fühlen können sie unser Gefühlsleben dominieren, ohne dass wir es merken. Und noch etwas:

Als Privatmenschen glauben wir oft, ein Recht darauf zu haben, uns immer und überall gut zu fühlen.

Aber mal ehrlich: Ist Gutfühlen tatsächlich ein Gefühl? Oder ist Gutfühlen nicht einfach nur die Bestätigung unserer Erwartungen?

Übrigens halte ich unsere persönlichen Befindlichkeiten für die gefährlichste Falle im Prozess des Altwerdens. Denn:

Wenn wir die Informationen unserer Befindlichkeiten nicht hinterfragen und mit Informationen von außen abgleichen, …

… kann es passieren, dass wir uns in unserer eigenen Gefühlswelt und ihren Ideen von Gefühlen gefangen halten, ohne es mitzukriegen.

Unsere Befindlichkeiten können uns glauben lassen, dass alles, was wir erleben, so sei, wie sie es interpretieren.

Dabei tun die Befindlichkeiten aber so, als würden sie weder interpretieren noch deuten, weder bewerten noch urteilen.

Mentale Prozesse scheinen nicht in das Selbstbild einer persönlichen Befindlichkeit zu passen. Ihre Domäne ist das Gefühlsmäßige.

Das Spüren und das Ahnen und das Fühlen. Und ihre Ausrichtung ist das Gefühl vom Gutfühlen. Wenn Gutfühlen nicht geht, …

… wird die persönliche Befindlichkeit nervös. Mit Frustration, zum Beispiel, weiß sie einfach nichts anzufangen.

Alles, was das Gefühl vom Gutfühlen nicht unterstützt, wehrt der Befindlichkeitskomplex automatisch ab.

Persönliche Befindlichkeiten setzen sich wie ein Patchwork aus Erfahrensflecken zusammen.

Und wenn viele blinde Flecken darunter sind, können sie verhindern, dass das Leben im Alter schön wird.

Unsere Privatidentitäten sind von persönlicher Befindlichkeit geprägt. Und diese Prägung beeinflusst unser Denken, Fühlen und Handeln.

Was ist aber jetzt mit unserer Weltidentität? Und mit unseren freien Gefühlen, die dem Diktat des Gutfühlenmüssens entkommen konnten?

Gefühle haben im Zusammenhang mit Weltangelegenheiten einen schlechten Stand. Mit Gefühlen sei keine Politik zu machen, heißt es.

Gefühle seien hinderlich, was öffentliche Angelegenheiten angeht. Aber was ist eigentlich so schlimm an Gefühlen?

Sind sie nicht eine elementare Lebenskraft?

Wieso sollten Gefühle nicht geeignet sein, ihren Teil dazu beizutragen, Weltangelegenheiten zu regeln?

Geht es beim Zurückweisen von Gefühlen in bestimmten Lebensbereichen nicht um etwas ganz anderes?

Geht es nicht in Wirklichkeit um eine uralte Vorstellung vom Menschen?

Um die Vorstellung, dass der Mensch domestiziert werden muss. Dass er erzogen werden muss. Dass er kultiviert werden muss.

Gefühle stehen natürlich für das Wilde im Menschen. Weil sie sich nicht domestizieren lassen. Weil sie sind, was sie sind.

Gefühle sind wie Wetter. Sie kommen und gehen und unterliegen Bedingungen, die wir nicht kontrollieren.

Man kann nur lernen, mit ihnen klar zu kommen. Man kann den Umgang mit Gefühlen lernen.

Und eins ist auch klar: Wenn unterdrückte und verdrängte Gefühle plötzlich frei werden, kann es passieren, dass sie überwältigend sind.

Dann kann es stürmisch werden. Und verwirrend. Und schrecklich. Und überschäumend. Und wunderbar. Und turbulent.

Und es kann auch sein, dass wir mit befreiten Gefühlen unser blaues Wunder erleben. Und das, obwohl wir doch schon so alt sind.

Oder gerade deswegen.

Jedenfalls kann es ganz schön bunt werden, wenn verdrängte Gefühle sich gegen alle persönlichen Befindlichkeiten durchsetzen.

Es kann auch sein, dass an einem bestimmten Punkt im Altersprozess Gefühle die Macht übernehmen.

Das sind dann oft Gefühle, die nicht zur Gegenwart gehören, sondern zu Früher. Zu Ereignissen aus unserer Vergangenheit.

Das kann so weit gehen, dass dann erst die Depression kommt und, je nachdem, danach die geistige Verwirrung.

Was ist eigentlich mit der Seele? Kann sie auch dement werden?

Und wie lebt die Seele in einem lebendigen Körper mit einem verwirrten Geist?

Was ist mit Fühlen im Prozess geistiger Verwirrung? Können unklare Gedanken klare Gefühle mit sich bringen?

Alte Menschen und Gefühle. Ein komplexes Thema und ein weites Feld. Was ist? Wollen wir es beackern?

Wenn wir das wollen, dann müssen wir es zuerst mal auf Minen untersuchen. Und wenn wir welche gefunden haben, …

… dann müssen wir sie entschärfen. Danach können wir den Acker umgraben. Und dann können wir säen.

Das wäre doch eine Möglichkeit! Wenn wir Alten uns zusammenzutun und uns um Gefühlskultur kümmern würden.

Wäre das nicht eine lohnende Aufgabe für die Zeit nach der Erwerbstätigkeit?

Wir würden auf diese Weise unsere eigenen Gefühle befreien und darüber hinaus unser Fühlen und auch unser Mitfühlen kultivieren.

Und wir könnten uns auch fragen, welcher Sinn eigentlich darin liegen soll, Gefühle als eine private Angelegenheit zu betrachten.

Und was ist eigentlich mit Liebe?

Ist Liebe überhaupt ein Gefühl?

Oder ist sie nicht vielmehr eine Geisteshaltung?

Aber wer bestimmt, was Liebe letztendlich wirklich ist?

Und wäre es nicht eine gute Idee, uns jetzt, wo wir alt sind und im Laufe unserer Leben alle möglichen Arten von Liebe erlebt haben, …

… uns intensiv mit Lieben zu beschäftigen? Liebe zu leben? Als Gefühl und als Geisteshaltung, beides vereint?

Stattdessen decken wir lieber den Tisch. Machen eine gute Flasche Wein auf oder trinken grünen Tee.

Essen Kuchen und trinken Kaffee. Das geht immer. Als wenn uns nichts anderes einfiele.

Essen, Trinken, Spielen, Wandern, Kino, Theater, Freizeitgestaltung eben. Um nicht allein zu sein.

Um etwas, irgendetwas, gemeinsam zu unternehmen.

Aber was hat diese Art des gemeinsamen Unternehmens mit Weltangelegenheiten zu tun? Und mit Liebe?

Was haben Freizeitgestaltungen, in denen wir uns bespaßen und bespaßen lassen, mit Freiheit zu tun?

Und immer wieder Essen und Trinken! Auch dann, wenn wir gar keinen Hunger haben. Essen und Trinken als Event.

Essen sei der Sex des Alters, habe ich mal gelesen. Na, dann ist ja alles klar!

Und was ist mit Tanzen? Aber wie bin ich jetzt vom Lieben übers Essen und Sex aufs Tanzen gekommen?

Tanzen als gemeinsame, synchronisierte, rhythmische Bewegung.

Zwei alte Körper sind jedenfalls nicht das, was wir denken, solange wir jung sind. Sie sind, je nachdem, und auch wenn sie faltig sind …

… und auch wenn sie runzelig sind, wenn sie hier und da mehr Volumen haben, immer noch lebendige Körper …

… mit lebendigen Bedürfnissen und lebendiger Lust und lebendiger Wonne. Solange Blut in unseren Adern fließt.

Unsere Haut reagiert auf Berührung solange wir atmen.

Nur: Wer berührt uns noch?

Und was ist mit *Liebevolligkeit*? Ich weiß, das Wort gibt es nicht.

Aber nehmen wir mal an, es gäbe es. So wie wir auch annehmen können, es gäbe Liebe im Überfluss.

Wir können uns, wenn wir wollen, dafür entscheiden, unbegrenzt liebevoll zu sein. Immer und überall.

Und wir können auch, wenn wir wollen, Liebe auf unserer Prioritätenliste ganz nach oben setzen.

Wir können die Liebe sogar entprivatisieren.

Das wäre doch was! Liebe als sozialer Kitt zwischen allen Menschen.

Ob alt oder jung. Über alle Grenzen hinweg. Mit oder ohne Gott, Buddha oder Allah.

Übrigens: Der Glaube an einen Gott kann beim unbegrenzten Lieben extrem stören, wenn der Gott der einzig wahre Gott sein will.

Also, wäre dies nicht eine schöne Aufgabe für uns Alte? Gäbe das nicht Sinn für ein Leben im Alter?

Grenzenlos zu lieben? Immer und überall?

In jeder Situation? Ob an der Kasse bei REWE in Köln oder im TXL-Bus in Berlin vom Flughafen zum Alexanderplatz?

Oder auf dem Spielplatz im Englischen Garten in München. Kein Neid. Keine Konkurrenz. Nur Wohlwollen. Und Liebe. Das wäre doch was!

Das könnte doch Sinn geben. Liebe satt! Bis zum letzten Atemzug. Wer kann uns daran hindern?

Damit könnten wir Erfolg haben. Aber:

Erfolg

Erfolg soll für uns Alte ja üblicherweise kein Kriterium mehr sein. Wir sollen zufrieden sein mit dem was ist. Wir sollen nichts mehr wollen.

Wir Alten sollen zufrieden sein mit dem, was wir noch können. *Wollen* ist für uns nicht mehr vorgesehen. Wieso eigentlich nicht?

Wieso sollen wir nicht mehr Wollen dürfen? Wieso sollen wir aufhören zu streben und ehrgeizig zu sein?

Warum sollen wir Alten nicht erfolgreich sein können? Doch der Reihe nach:

Fangen wir mal mit der Frage an, was Erfolg überhaupt bedeutet? Wer definiert Erfolg? Und von wem und von was hängt Erfolg ab?

Schauen wir erst mal bei Wikipedia nach. Da steht, dass Erfolg das *Erreichen selbst gesetzter Ziele* bedeutet.

Da steht auch, dass dies sowohl *für einzelne Menschen als auch für Organisationen* gilt.

Und was die Ziele angeht, so kann es sich um *sachliche oder um emotionale Ziele* handeln.

Na, da haben wir es doch. Ein emotionales Ziel könnte die Befreiung unserer Gefühle sein. Und lieben, lieben, lieben.

Was aber brauchen wir, um zum Erfolg zu gelangen? Sei es nun emotionaler oder sachlicher Erfolg?

Wikipedia sagt *Umsetzungskompetenz*.

Was aber soll das sein? Umsetzungskompetenz? Ein weiterer Begriff, den Wikipedia liefert ist *Selbstmanagement*.

Okay, wenn wir ehrlich sind, müssen wir zugeben, dass wir im Alter, mehr als je zuvor, lernen müssen, unser Leben selbst zu managen.

Denn niemand sonst tut es für uns. Früher war das anders.

Da haben unsere Verpflichtungen, Aufgaben und die Regeln im Beruf, an die wir uns halten mussten, unser Leben gemanagt.

Sie haben uns gesagt, wo es lang geht. Und dadurch haben sie uns Halt und Struktur gegeben.

Aber jetzt ist dieser Halt weg. Und die Struktur auch. Jetzt ist da nur noch Freiheit. Auf der ganzen Linie. Wahnsinn eigentlich.

Und um nicht wirklich wahnsinnig zu werden, müssen wir uns selbst Struktur geben und unser Leben irgendwie managen.

Und zwar so lange, bis wir hilfebedürftig werden und betreut werden müssen. Erst dann kommt von außen wieder Struktur in unser Leben.

Dann übernehmen andere es, unser Leben zu managen. Aber solange wir fit sind, müssen wir es selbst tun.

Müssen wir das wirklich? Können wir das Leben nicht einfach laufen lassen?

Muss Struktur wirklich sein? Oder geht es auch ohne?

Und dann noch etwas: Was wollen wir denn überhaupt noch in diesem Leben?

Wie wollen wir das Leben auf der letzten Strecke noch leben? Und was wollen wir noch erleben?

Und wollen wir wirklich wollen oder glauben wir nur, wir sollten wollen? Nur weil wir frei sind?

Und was passiert, wenn wir nicht wissen, was wir wollen? Oft ist es ja so, dass man viel besser weiß, was man nicht will.

Also, Umsetzungskompetenz und Selbstmanagement. Das brauchen wir. Aber nur, wenn wir erfolgreich altern wollen.

Wer alt werden will, aber keine weiteren Ideen mit dem eigenen Altern verbindet, muss sich nur darum kümmern, nicht zu sterben.

Sonst nichts. Ob dazu Umsetzungskompetenz und Selbstmanagement notwendig sind? Wohl eher nicht.

Altwerden geht ja von allein. Aber wie wir Altwerden interpretieren, wie wir es deuten und definieren, das geht nicht von allein.

Das müssen wir wollen. Dazu müssen wir uns entscheiden. Das passiert nicht einfach so. Das ist nicht Natur. Das ist Kultur. Alterskultur.

Sterben werden wir alle. Egal, ob wir unser Altern interpretieren, deuten und definieren.

Nur: Die Zeit davor, vor dem Sterben. Die Zeit, die wir Alter nennen.

Die lebt sich mit eigener Interpretation, eigener Deutung und eigener Definition anders als ohne. Ganz anders.

Und wenn wir dann beim gemeinsamen Deuten an irgendeiner Stelle den altersemanzipatorischen Impuls spüren, ...

... wenn beim Definieren plötzlich noch Lust ins Spiel kommt, und wir uns beim Interpretieren vor Lachen die Bäuche halten, ...

... dann kann Altwerden richtig Spaß machen. Und wenn wir uns dann noch die Mühe machen und formulieren und ausdrücken, ...

... was wir gemeinsam über Altwerden und Altsein herausfinden, dann kann dies gesellschaftliche Wirkung haben.

Wozu das alles?

Wozu die vielen Fragen?

Wozu Generationen-Wir? Können wir nicht einfach nur älter werden? Warum geben wir nicht Ruhe?

Warum bleiben wir nicht still? Haben wir nicht schon genug getan? Genug geleistet? Aber:

Wir heutigen Alten wollen aktiv sein. Unbedingt. Warum eigentlich?

Wieso steht aktives Altern so hoch im Kurs? Und was ist mit denen, die nicht mehr können?

Wer erschöpft ist, soll sich ausruhen können! Das ist klar. An diesem Recht darf niemand zweifeln.

Aber es ist auch klar, dass viele von uns Alten ihre Erschöpfung nach einigen Monaten oder Jahren überwinden.

Erschöpfung und Müdigkeit dauern nicht so lange wie die Lebensphase Alter dauern kann.

Was hat uns eigentlich am Arbeiten so erschöpft und müde gemacht? Oft war es nicht die Arbeit selbst, sondern es waren die Umstände.

Arbeit kann einem das Leben ganz schön schwer machen. Vor allem, wenn man die Umstände nicht beeinflussen und mitbestimmen kann.

Der aufgezwungene Lebensrhythmus. Die Unfreiheit. Die Verpflichtung. Die Fremdbestimmung. Der Verzicht. Die Verantwortung.

Die fremdbestimmten Umstände fallen für die meisten von uns erst dann weg, wenn wir aus dem Erwerbsleben ausscheiden.

Und dann haben wir plötzlich ungeahnte Möglichkeiten. Nach einiger Zeit im Ruhestand merken dann viele von uns, dass da noch Kraft ist.

Irgendwie fühlen wir uns unruhig. Wieso? Manche sagen, sie spüren einen Druck. Aber woher kommt dieser Druck

Kommt er von außen? Oder von innen? Viele sagen, sie fühlen sich durch das Image des aktiven Alterns unter Druck gesetzt.

Aber sind wir nicht frei? Können wir nicht einfach Nein sagen? Was aber ist die Alternative?

Vielleicht ein kontemplatives Leben? Ein Leben in Muße. Langsamkeit. Gelassenheit. Ruhe.

Vielleicht auch ein meditatives Leben. In dem es um unser Inneres geht und um Spirituelles?

Und: Was ist mit unserer Lebenskraft? Sie ist ja da. Sie verschwindet ja nicht, nur weil wir nicht mehr berufstätig sind.

Klar, wenn wir erschöpft und müde vom Arbeiten sind, fühlen wir wenig Lebenskraft. Aber dieser Zustand geht vorüber.

Wir sind heute so lange alt, dass die meisten von uns ihre Erschöpfung vom Arbeiten um Jahre überleben.

Und dann spüren wir diese Kraft. Wo kommt sie her? Lebenskraft im Alter ist nicht unbedingt das, worauf wir vorbereitet sind.

Genau so wenig, wie wir auf Freiheit im Alter vorbereitet sind. Was machen wir nun damit?

Uns bleibt nichts anderes übrig, als irgendwie damit umzugehen. Die Frage ist Wie?

In der Vereinzelung unserer Privatleben? Oder gemeinsam mit anderen im öffentlichen und gesellschaftlichen Leben? Oder in beiden Welten?

Wer entscheidet das? Neuerdings gibt es Stimmen, die fordern, dass die *fitten Alten* zu einem Sozialjahr verpflichtet werden sollen.

Mit den *fitten Alten* sind wir gemeint. Man will unsere Lebenskraft gesellschaftlich nochmal nutzbar machen. Aber ohne uns zu bezahlen.

Wir sollen ehrenamtlich arbeiten. Wollen wir das? Wollen wir nochmal fremdbestimmt irgendwo eingesetzt werden?

Wollen wir nochmal tun, was jemand anderes anordnet? Wollen wir unsere Freiheit nochmal abgeben?

Viele von uns wollen sich gesellschaftlich engagieren. Aber sie wollen auch ihre Freiheit behalten.

Viele wollen etwas tun. Viele wollen ihre Lebenskraft nicht nur privat, sondern auch gesellschaftlich einsetzen. Aber:

Freiwillig und am besten selbstorganisiert und selbstverwaltet. Also müssen wir kreativ sein.

Gemeinsam könnten wir eigene Arbeitsfelder schaffen. Was hindert uns eigentlich, kleine Unternehmen zu gründen?

Oder Vereine und Genossenschaften? Wer kann uns hindern, gemeinsam in individualisierten Gemeinschaften zu arbeiten? Und auch zu leben?

In gemeinschaftlichen Wohnprojekten, zum Beispiel. Sie werden überwiegend von Alten initiiert und auch realisiert. Denn die haben Zeit.

Übrigens, was das Generationen-Wir angeht: Es soll nicht dazu da sein, uns von anderen Generationen zu entfernen. Im Gegenteil.

Wenn wir uns annähern wollen an andere Generationen, dann brauchen wir Klarheit. Dann müssen wir unterscheiden können.

Dann dürfen wir nicht so tun, als ob Alter keine Rolle spielen würde. Alter spielt eine Rolle. Alter hat unser ganzes Leben lang eine Rolle gespielt.

Erinnern wir uns. Mal war unser jeweiliges Alter von Vorteil für das, was wir wollten und mal nicht. Mal waren wir zu alt und mal zu jung.

Und genau so ist es auch im Alter. Alter ist einfach immer, auch wenn wir jung sind. Aber wenn wir alt sind, dann ist Alter Alter.

Klar, in vielen Situationen und Angelegenheiten spielt Alter eine untergeordnete Rolle. Aber dann, plötzlich, sind wir wieder die Alten.

Und es ist gut, wenn wir Alten dies im Blick haben. Außerdem ist es gut, die Jungen daran zu erinnern, dass wir die Alten sind. Einfach so.

Ohne Hintergedanken. Ohne Interpretationen. Ohne Erwartungen. Ohne Zuschreibungen. Nur als Fakt. Denn:

Mit der Unterscheidung drücken wir Wahrheit aus.

Und Wahrheit ist hilfreich wenn es darum geht, etwas so gut wie möglich hinzukriegen. Seien es Beziehungen oder Projekte.

Unser Generationen-Wir ist auch wichtig, um gleichberechtigt mit anderen Wir-Formationen kommunizieren zu können.

Denn nur wer sich seiner selbst bewusst ist, ob als Individuum oder als Gruppe oder als Generation, kann Vertrauen schaffen.

Und noch etwas: Was ist mit der digitalen Kommunikation? Sie verbindet alle, die im Internet unterwegs sind, auf ungeahnte Weise.

Wir jetzigen Alten aber sehen oft alt aus, was die digitalen sozialen Netzwerke angeht.

Unsere Kinder und unsere Enkelkinder wurden in die digitale Netzwelt hineingeboren. Wir aber waren schon vorher da.

Wir können uns an ein Leben ohne Mobilfunk und ohne Internet erinnern. Und die meisten von uns fremdeln mit digitalen Gemeinschaften.

Ein weltumspannendes Wir scheint den meisten unserer Generation unwirklich. Dabei schaffen virtuelle Verbindungen Verbundenheit.

Auch wenn die Hände sich nicht berühren können, weil die Körper nicht am selben Ort sind. Apropos Körper:

Im Alter bekommen die Körper eine andere Bedeutung, weil sie die Tendenz haben, anfälliger und schwächer zu werden.

Das heißt auch, dass der Ort, an dem sich der Körper befindet und die Umstände an diesem Ort mit zunehmendem Alter wichtiger werden.

Weil es um Wohlergehen, Gesundheit, Versorgung und Betreuung geht. Die Frage ist:

Wird es eine digitale Fürsorge, eine digitale Zärtlichkeit, eine digitale Betreuung und Versorgung geben?

Wie werden die nachkommenden Generationen im Alter mit ihrer virtuellen Realität umgehen, wenn die physische wichtiger wird?

Wird das *digitale Wir* ihre Altersphase genau so bestimmen wie ihre Jugendphase?

Jedenfalls werden Gemeinschaften weltweit immer wichtiger. Auf allen Ebenen. Wirtschaftlich, politisch, kulturell, spirituell.

Und es gibt die Meinung, dass die Welt und die Menschheit nur mithilfe gelingender Gemeinschaften überleben kann.

Weil alles mit allem verbunden ist. Weil es immer so gewesen ist. Nur haben wir es nicht gesehen.

Okay, die östlichen Religionen sehen es seit Jahrtausenden und reden und schreiben auch darüber.

Aber jetzt wissen wir wissenschaftlich Orientierten es auch, weil Quantenphysiker es nachweisen können.

Wenn nämlich hier ein Teilchen in Gang gesetzt wird, gibt es dort, weit weg von hier, eine Wirkung. Und die kann man messen.

Messwerte sind für uns Aufgeklärte wichtig. Erst wenn man etwas messen kann, gehen wir davon aus, dass es stimmt.

Übrigens: Gemeinschaft ist nicht dasselbe wie Generationen-Wir. Gemeinschaft geht auch mit Jüngeren.

Was aber ist eine Gemeinschaft wert, wenn wir Alten diejenigen, die unserer eigenen Generation angehören, abwerten?

Das tun viele von uns. Am negativsten über Alte denken die Alten selbst. Das sagen statistische Auswertungen von Umfragen.

Wollen wir das nicht mal ändern?